Verena Keil (Hg.)

Ich bin dein guter Hirte

Über die Herausgeberin

Verena Keil ist Lektorin bei Gerth Medien und begeisterte Geschichtensammlerin. Sie hat schon eine ganze Reihe erfolgreicher Anthologien herausgegeben.

Verena Keil (Hg.)

Ich bin DEIN GUTER Hirte

Ermutigende Geschichten und
Gedanken zu Psalm 23

GerthMedien

Inhalt

Vorwort

Sicher kennen Sie den bekanntesten aller Psalmen, den »Hirtenpsalm« – den Psalm 23. Unzählige Menschen haben ihn schon gelesen, haben aus den bildreichen Worten neue Kraft geschöpft, sich trösten lassen, haben Frieden gefunden in ihrer Situation und wieder neuen Mut gefasst. Ein guter Hirte, der auf seine Schafe aufpasst, für ihre Bedürfnisse sorgt und sie sicher zum Ziel führt – was für ein wunderbares Bild!

Immer wieder haben Künstler dieses Bild mit ihrem ganz eigenen Blick wiedergegeben, haben Musiker den Psalm vertont, Poeten dessen Inhalt in Gedichte verwandelt. Und durch alle Zeiten hindurch haben Menschen ihre eigenen »Psalm 23«-Erfahrungen gemacht. So wie Ilona Maria Drzymulski, für die Psalm 23 in einer ausweglosen Situation der Rettungsanker war. Oder Hanna Willhelm, die in einem Moment der Erschöpfung spürte: Der gute Hirte ist bei mir. Oder Gloria Gaither, die den Psalm 23 zu ihrem Gebet gemacht hat. Auch die Schaf- und Ziegenhirtin Hanna Ruef-Bircher erzählt in diesem Buch von einer Psalm-23-Erfahrung, als sie auf der Suche nach dem kleinen Schäfchen »Bläcki« war. Und Tim Hansel berichtet von einem vierjährigen Mädchen, das den Psalm mit seinen eigenen Worten wiedergibt ...

Lassen Sie sich mit den Geschichten, Gedanken und lyrischen Texten mit hineinnehmen in den Psalm vom guten Hirten. Ich wünsche Ihnen, dass Sie ganz neu erleben: Der gute Hirte kennt mich und sorgt für mich. Er führt mich zur Ruhe und auch durch Krisenzeiten sicher zum Ziel.

Verena Keil

Der Herr ist mein Hirte,
mir wird nichts mangeln.
Er weidet mich auf einer grünen Aue
und führt mich zum frischen Wasser.
Er erquickt meine Seele.
Er führt mich auf rechter Straße
um seines Namens willen.
Und ob ich schon wanderte
im finsteren Tal,
fürchte ich kein Unglück;
denn du bist bei mir,
dein Stecken und Stab trösten mich.
Du bereitest vor mir einen Tisch
im Angesicht meiner Feinde.
Du salbst mein Haupt mit Öl
und schenkst mir voll ein.
Gutes und Barmherzigkeit
werden mir folgen mein Leben lang,
und ich werde bleiben
im Hause des Herrn
immerdar.

Die Perle der Psalmen

CHARLES H. SPURGEON

Der Psalm 23 ist die Perle der Psalmen. An Lieblichkeit der Töne und an geistlicher Tiefe steht er unerreicht da. Man hat gesagt, was die Nachtigall unter den Vögeln, das sei dieses Lied unter den Psalmen. Und ich möchte es wagen, den Psalm mit der Lerche zu vergleichen, die singend sich gen Himmel schwingt und immer höher steigt und singt und singt, und selbst dann noch ihr fröhliches Schmettern hören lässt, wenn sie im Azurblau des Himmels den menschlichen Blicken entschwunden ist.

Man beachte die Schlussworte des Psalms: »Ich werde bleiben im Hause des Herrn immerdar.« Das sind himmlische Töne, mehr geeignet für die ewigen Wohnungen droben als für unsere ärmlichen Hütten hienieden. O dass wir so recht in den Geist des Psalms eindringen möchten, während wir ihn betrachten! Dann werden wir Himmelswonne auf Erden schmecken.

Der Hirte und der Gastgeber

HELLA THORN

Einhundertfünfzig Lieder und Gebete sind in den Psalmen in der Bibel zusammengetragen worden. Es gibt Dankgebete, Fürbitten, Klagelieder und Lobpreisungen. Die ganze Bandbreite der menschlichen Emotionen in Gegenwart des dreieinigen Gottes werden schonungslos offengelegt. Es wird geklagt, gefürchtet und gelitten, gefreut, geliebt und gedankt.

Der wohl bekannteste Psalm ist der »Psalm vom guten Hirten«. Viele Kinder lernen ihn im Kindergottesdienst, Konfirmationsunterricht, Kommunions- und Firmunterricht, in der Sonntagsschule, im Biblischen bzw. Kirchlichen Unterricht oder Religionsunterricht auswendig: »Der Herr ist mein Hirte, mir wird nichts mangeln.«

Und schon immer haben die Menschen mit diesem Psalm gerungen, gute und schlechte Erinnerungen verbunden, sich mithilfe der Worte Davids an Gott, seine Zusagen geklammert, Trost in den Versen gesucht und gefunden. Kein anderer Psalm bewegt und berührt die Menschen so sehr wie dieser Psalm 23.

Zwei Motive treten in dem Psalm besonders hervor: Einmal das Bild von Gott als Hirten eines Schafes oder einer

Schafherde und das Bild von Gott als Gastgeber. Beiden Motiven inhärent ist die Vorstellung von einem behütenden, umsorgenden, den Menschen und Lebewesen zugewandten Gott.

Ein Psalm Davids. Der Herr ist mein Hirte, ich habe alles, was ich brauche.

Hier wird deutlich, auch wenn ein Hirte immer für eine ganze Schafherde zuständig ist: Gott hat jedes seiner Schafe im Blick. Egal, ob schwarz oder weiß oder braun. Er kümmert sich um jedes einzelne. Der Hirte versorgt zuverlässig seine Schafe mit allem, was sie brauchen – nicht mit allem, was sie vielleicht unbedingt wollen, aber mit dem, was sie zum Leben und Gedeihen benötigen.

Er lässt mich in grünen Tälern ausruhen, er führt mich zum frischen Wasser. Er gibt mir Kraft. Er zeigt mir den richtigen Weg um seines Namens willen.

In Vers 2 wird spezifiziert, womit der Hirte seine Schafe versorgt. Mit grünem, saftigem Gras und mit erfrischendem, klarem Wasser. Es geht hier aber auch um Ruhe und um Aufbruch. Beides muss im Einklang stehen, damit es den Schafen gutgeht. Was brauchen wir Menschen, um wachsen und gedeihen zu können? Nehmen wir uns die Zeit und den Raum, um zur Ruhe zu kommen und Kraft zu tanken? Wagen wir allein den Aufbruch, oder gehen wir mit unserem Hirten, mit Gott zusammen, dahin, wo er uns hinführt? Nehmen wir wahr, dass Gott uns immer wieder Kraft schenkt, um weiterzulaufen? Der Hinweis in Vers 3, »um seines Namens willen«, hat hierbei zweierlei Bedeutungen: Zum einen zeigt er die Allmacht Gottes, die durch den Weg verherrlicht werden soll. Zum anderen heißt der »richtige Weg« wörtlich »Straße der Gerechtigkeit«, also der Weg, der zu einem guten, heilsamen Ziel führt, auf dem Gott (um seines Namens willen) immer dabei ist. Er steht zu seinem Wort, zu seinem Versprechen, »Ich bin, der ich bin« (2. Mose 3,14), »Ich bin bei dir, wohin du auch gehst« (Josua 1,9).

Auch wenn ich durch das dunkle Tal des Todes gehe,
fürchte ich mich nicht, denn du bist an meiner Seite.
Dein Stecken und Stab schützen und trösten mich.

Genau wie ein Hirte nicht verhindern kann, dass es widrige Umstände (Witterungsverhältnisse, Bodenbeschaffenheiten, Gefahren durch wilde Tiere etc.) geben kann, verhindert Gott auch nicht, dass wir Menschen mit Leid, Schmerz und Traurigkeit, mit der Vergänglichkeit des Lebens konfrontiert werden. In all dem Dunklen, das dem Leben innewohnt, weicht Gott jedoch nicht von unserer Seite – ja er selbst kennt die Furcht, den Schmerz, den Todeskampf.

Stecken und Stab sind für einen Hirten wichtige Werkzeuge, um die Schafe vor angreifenden Tieren zu verteidigen. Und so wie ein Hirte für seine Schafe kämpft, kämpft Gott auch für uns.

Die Perspektive des Psalms ändert sich in diesem Vers von »er« zu »du«: Gottes Trost erwächst aus der persönlichen Beziehung zu ihm. Gerade in den dunkelsten Phasen erleben Menschen Gott als ansprechbares Gegenüber, das ihnen zum Wegbegleiter wird und die Angst nimmt.

Du deckst mir einen Tisch vor den Augen meiner Feinde.
Du nimmst mich als Gast auf und salbst mein Haupt mit
Öl. Du überschüttest mich mit Segen.

Hier beginnt nun das Motiv des gütigen Gastgebers, der dafür sorgt, dass es seinem Gast an nichts mangelt. Bei Gott findet der Bewirtete – obwohl die Feinde ihn umringen – Geborgenheit. Das Salben des Hauptes mit Öl galt als eine besondere Form der Zuwendung. Der letzte Satz »Du überschüttest mich mit Segen« heißt in anderen Übersetzungen »Füllst meinen Becher voll ein« oder »Du schenkst mir voll ein«, was zeigt, dass der Gastgeber in diesem Bild nicht geizt, sondern mehr anbietet, als eigentlich nötig wäre.

Deine Güte und Gnade begleiten mich alle Tage meines
Lebens, und ich werde für immer im Hause des Herrn
wohnen.

Gott, der ein Gott der Güte und der Gnade ist, begleitet die Menschen vom ersten bis zum letzten Tag ihres Lebens. Seine Güte und seine Gnade kennen kein Ende – »für immer« dürfen wir uns bei Gott geborgen wissen.

Die Psalmen als »Fluchtweg«

GRAHAM KENDRICK

»Wählen Sie die richtigen Spurrillen – Sie fahren die nächsten 100 Meilen darin!« So lautet ein Graffiti-Spruch auf einem Schild an einer einsamen Landstraße im Hinterland von Australien.

Auch beim Beten können wir in ausgefahrene Spurrillen geraten, vor allem wenn unsere Themen und Formulierungen überwiegend durch unsere Bedürfnisse, eingeschliffene Gewohnheiten oder unsere gegenwärtige Stimmung geprägt sind.

Obwohl es besser ist, beim Gebet eingefahrenen Spurrillen zu folgen als gar nicht zu beten, bietet uns die Bibel einen Fluchtweg an – die Psalmen. Wenn ich diese vom Heiligen Geist inspirierten »Herzensschreie« als Vorbereitung auf das Gebet benutze – idealerweise lese ich sie laut –, dann entdecke ich Gottes Wahrheiten, seine göttliche Perspektive, nehme seine Sätze und sein Lob in meinen Mund, und meine Augen erheben sich zur Größe Gottes, der unsere Gebete erhört. Spontaneität ist wunderbar – wenn sie kommt! Aber die Psalmen sind Gottes Aufzug, mit dem er unsere Gebete auf eine neue Ebene bringt.

Wir brauchen einen Hirten,
der sich um uns kümmert und uns führt.
Es gibt ihn. Er ist der Hirte,
der uns mit Namen nennt.

MAX LUCADO

Ich kenne den Psalm, Sie aber kennen den Hirten

Ein berühmter Schauspieler, der von einer Familie eingeladen war, wurde gebeten, etwas vorzutragen. Er bat um Vorschläge. Ein älterer Geistlicher bat um den 23. Psalm. Der Schauspieler, etwas verlegen, willigte ein unter der Bedingung, dass der alte Herr den Psalm nach ihm wiederhole. Dann sprach er den Hirtenpsalm mit wundervoller Stimme und klarster Betonung. Er erntete reichen Beifall.

Dann wiederholte der alte Pfarrer den Psalm. Niemand spendete am Schluss Beifall, aber mancher der Anwesenden war im Innersten bewegt.

Da sagte der Schauspieler ernst: »Ich darf wohl sagen, ich kenne den Psalm, Sie aber kennen den Hirten.«

Ich bin doch bei dir

HANNA WILLHELM

»Maamaaa!« Der laute Ruf eines meiner Kinder schreckt mich aus dem Schlaf, und noch bevor ich richtig wach bin, torkle ich ins Kinderzimmer, um nachzusehen, was los ist. Manchmal ist der Grund harmlos (»Ich habe Durst!«), manchmal belustigend (»Wir haben das Tigerbaby [aus der Kleinkindserie] noch nicht eingefangen!«). Aber wenn das Kind wegen eines Albtraums ruft, lässt einem ein solcher Schrei die Haare zu Berge stehen.

»Mama!« – Es erstaunt mich immer wieder, mit welcher Selbstverständlichkeit Kinder nach unserer Gegenwart verlangen, vor allem, wenn sie das Gefühl haben, dass sie Hilfe brauchen. Für die Kleinen gilt: Wenn Mama oder Papa in der Nähe ist, kommt die Welt wieder in Ordnung. Es ist deswegen nicht verwunderlich, dass wir unsere Kinder in solchen Situationen oft genau mit den Worten trösten, die ihnen dieses Gefühl unserer rückversichernden Nähe geben sollen: »Schscht! Es ist ja alles gut. Mama ist doch bei dir.«

»Du bist bei mir.« Als Erwachsene fehlt uns diese Rückversicherung. Wir haben normalerweise niemanden mehr, der unsere Welt schnell wieder ins Lot bringen kann. Es sei denn, wir sprechen von Gottes Gegenwart in unserem Leben. Als unser Jüngster zwei Jahre alt war, habe ich das auf eine für mich sehr eindrückliche Art und Weise erlebt.

Wir waren gerade vor einigen Tagen wegen eines schweren Atemweginfektes aus der Kinderklinik entlassen worden, als der Kleine nachmittags hohes Fieber mit Schüttelfrost bekam und der eilig aufgesuchte Arzt im Blut einen stark erhöhten Entzündungswert feststellte. Er überwies uns an die Klink, wo wir in der Notaufnahme lange auf die Untersuchung warten mussten. Als sich herausstellte, dass eine stationäre Aufnahme notwendig war, wurden wir mit dem Rettungswagen in ein anderes Krankenhaus gebracht, weil vor Ort alle Betten belegt waren.

Spätnachts kamen wir dort an, und erst am frühen Morgen konnten wir ein Zimmer beziehen. Am nächsten Tag saß ich erschöpft neben dem Gitterbettchen, in dem unser Kleiner an Schläuche angeschlossen schlief.

Zum Denken und zum Beten war ich körperlich und emotional zu erschöpft. Noch war nicht ganz klar, welche Erkrankung unser Sohn hatte, und ich hatte zudem das ungute Gefühl, dass wir noch nicht am Ende der Fahnenstange angekommen waren, was schlechte Nachrichten anging. In dieser Situation ging mir immer wieder ein Satz aus Psalm 23 durch den Kopf: »Du bist bei mir.« Am Tag zuvor, als die Welt noch in Ordnung gewesen war, war er mir beim Autofahren in den Sinn gekommen und hatte mich seitdem begleitet, zusammen mit den Bruchstücken eines Liedtextes, dessen Melodie mich ebenfalls tröstlich umhüllte: »Wie tief kann ich fallen, wenn alles zerfällt? Nie tiefer als in Gottes Hand. Nie bau ich mein Leben auf Sand, wenn ich jeden Schritt mit ihm gehe.«

Die Gegenwart Gottes und seine Zusage, dass seine Hand bildlich gesprochen unter uns war, um uns in dieser ungewissen Situation aufzufangen, waren in diesen Momenten sehr real für mich. Sie haben mich auch in den nächsten Tagen begleitet, als sich meine Ahnung bestätigte und sich auf den ursprünglichen Infekt eine weitere Erkrankung draufsetzte, die unseren Aufenthalt im Krankenhaus verlängerte.

Ich habe es als ein Geschenk empfunden, Gottes Nähe in dieser Zeit so intensiv zu erfahren. Als wir wieder zu Hause und im Alltag angekommen waren, hat sich diese spürbare Gewissheit irgendwann wieder verflüchtigt. Was aber geblieben ist, ist ein stärkeres Bewusstsein dafür, dass Gott wirklich bei mir ist und uns als Familie in seiner Hand hält.

»Mama ist ja bei dir!« – Manchmal denke ich, dass Gott unsere Kinder in diesem Punkt wie einen Spiegel benutzen möchte, mit dem er uns sagt: »Ich bin bei dir!« So wie unsere Kinder mit unserer Gegenwart und Hilfe rechnen, können wir mit Gottes Gegenwart und Hilfe rechnen. So wie unsere Kinder selbst mitten in der Nacht keine Scheu haben, uns zu sich ans Bett zu rufen, so brauchen auch wir keine Hemmungen zu haben, wenn wir mit unserem Anliegen zu Gott kommen. So wie unsere Kinder darauf vertrauen, dass wir ihnen in Notlagen helfen, dürfen wir Erwachsene das bei Gott tun.

Der 23. Psalm beschreibt das auf sehr schöne bildliche Weise und hat mit seinen Worten über die Jahrtausende hinweg schon viele Juden und Christen getröstet.

***

Er kümmert sich um uns wie ein Hirte,
der seine Schafe auf die Weide führt.
Psalm 95,7

Auswendig gelernt

TIM HANSEL

In seinem wunderschönen Buch *I Shall Not Want* (Ich werde nichts vermissen) erzählt Robert Ketchum die Geschichte einer Sonntagsschullehrerin, die einmal ihre Gruppe fragte, ob jemand den kompletten Psalm 23 auswendig aufsagen könnte. Unter denen, die sich meldeten, war auch ein blondes, viereinhalbjähriges Mädchen. Etwas skeptisch fragte die Lehrerin, ob sie tatsächlich den ganzen Psalm aufsagen könne. Das kleine Mädchen kam nach vorne, stellte sich vor die Klasse, verbeugte sich und sagte: »Der Herr ist mein Hirte, das ist alles, was ich will.« Sie verneigte sich erneut und setzte sich wieder auf ihren Platz.

Meiner Meinung nach ist das die wohl beste Auslegung, die ich je gehört habe.

Jahwe-Ra'ah –
Der Herr ist mein Hirte

CHRISTOPHER D. HUDSON

Ein weitverbreiteter Persönlichkeitstest vergleicht Menschen mit Tieren. Je nach Profil ist man entweder ein Löwe, ein Otter, ein Biber oder ein Golden Retriever. Laut Bibel ähneln wir alle jedoch am meisten einem Schaf. Das ist nicht gerade ein schmeichelhafter Vergleich.

Denn Schafe sind dafür berüchtigt, dass sie geistig beschränkt sind. Wenn man nicht gut auf sie aufpasst, fressen sie giftige Kräuter, oder sie geraten in Panik und laufen kopflos geradewegs in eine Gefahr hinein. Wenn das passiert, ist es doppelt schlimm, weil Schafe sich nicht selbst vor Raubtieren verteidigen können.

Wenn wir wie Schafe sind – und das sind wir wirklich –, ist Gott unser Hirte. Dieser Gedanke steht hinter Psalm 23, der beliebtesten Bibelstelle der Welt. Darin zeigt David, der ehemalige Schafhirte, wie Gott treu für alle unsere Bedürfnisse sorgt. Die vorrangige Aufgabe des Hirten (Ra'ah) ist es, seine Schafe zu füttern, zu pflegen und auf die Weide zu führen. Um das alles zu machen, muss ein Hirte nahe und persönlich anwesend sein und genau wissen, was seine Schafe brauchen. Außerdem ist ein Hirte der Beschützer seiner Herde. Deshalb hat er einen Stab, mit dem er die Raubtiere abwehrt, die einen seiner Böcke, eines seiner Mutterschafe oder eines seiner Lämmer reißen wollen.

Wenn das die Aufgaben eines Hirten sind, was sind dann die Aufgaben eines Schafes? Ein Schaf vertraut seinem Hirten. Als Schafe folgen wir ihm. Wir gehen dorthin, wohin unser Hirte uns führt, und tun, was er uns sagt. Wir schauen auf ihn und erwarten, dass er uns mit allem versorgt, was wir brauchen.

Wenn wir unseren eigenen Instinkten folgen und unseren eigenen Weg gehen, ist das fehlender Respekt vor unserem Hirten. Damit sagen wir ihm, dass wir ihm nicht vertrauen. Außerdem legen wir eine enorme Arroganz an den Tag, wenn wir meinen, dass wir besser wüssten, wie und wo wir »grüne Weiden« finden. Doch weit schlimmer ist, dass wir uns unnötigen Gefahren aussetzen und sogar andere in die Irre führen, wenn wir seine schützende Fürsorge verlassen.

Wenn Sie sagen: »Gott ist mein Hirte«, geben Sie demütig zu und erkennen dankbar und ohne Scham an, dass Sie den Herrn brauchen, damit er Sie führt und die tiefsten Bedürfnisse Ihres Lebens stillt.

Ein Tag am Meer

ILONA MARIA DRZYMULSKI

Vor rund fünfzehn Jahren verbrachte ich mit meinen beiden halbwüchsigen Söhnen Ivo und Radek die Sommerferien in Spanien. Begleitet wurden wir von meinem Bruder und seinen drei Kindern – zwei Jungs und der elfjährigen Tochter Ania. Wir wohnten in einem Häuschen nicht weit vom Meer entfernt. Die Tage waren mit Glück erfüllt, besonders für die Kinder. Alle fünf spielten unermüdlich im Wasser und im Sand und nach drei Wochen brachten die Jungs der kleinen Ania sogar ein bisschen Schwimmen bei. Als wir uns mal wieder dem Strand näherten, vernahmen wir ein uns fremdes Geräusch. Dann erblickten wir endlich von der Klippe aus das Meer und das Rätsel war gelöst. Das Wasser bot ein faszinierendes Spektakel: Riesige Wellen, schäumend und zischend, rollten auf den Strand zu. Die Kinder standen überrascht und staunend vor dem gewaltigen Naturschauspiel.

Am Mast hing eine rote Fahne. Allen war klar: Heute fällt das Baden aus …

Nach Burgenbau, Muscheln sammeln, gegenseitigem Eingraben im Sand lagen alle irgendwann müde auf den Strandtüchern. Alle mit Ausnahme von Ania und Radek, die unbedingt ins Wasser wollten. Es waren ja auch viele andere Menschen im Meer, in der Nähe des Ufers sprangen sie über und durch die Wellen. Die Kinder drängten und ich selber sehnte mich auch nach einer Abkühlung. Letztendlich gab ich nach und unter der Bedingung, dass sie die ganze Zeit meine Hand festhielten, gingen wir bis zu den Knien ins Wasser.

Die Wellen waren monströs. Mit viel Spaß versuchten wir, ihrer Gewalt Widerstand zu leisten und nicht umzufallen. Die kleine, schmächtige Ania wurde jedoch oft durch die riesigen Wassermengen umgehauen. Im schäumenden Bad, lachend und vor Freude kreischend, suchte sie immer wieder nach Halt für ihre Füße. Da ich sie fest an der Hand hielt, fand sie jedes Mal aufs Neue das Gleichgewicht.

Plötzlich geschah das Unerwartete. Sie riss sich los und machte einen Schritt nach vorne. Nur einen einzigen Schritt. Lächelnd drehte sie sich zu mir um, bedeutete mir, ihr zu folgen, und in diesem Augenblick geschah es: Eine riesige Welle nahm sie einfach mit. Ania konnte kaum schwimmen und ihre nervösen Arm- und Beinbewegungen vermochten gegen das wirbelnde Wasser nichts auszurichten.

Ich warf mich in ihre Richtung und schon nach einem Schritt verlor ich genauso den Boden unter den Füßen. Plötzlich war nur noch tiefes Wasser unter mir! Ich schaute nach Radek. Er begriff blitzschnell unsere Lage und wollte helfen. Und so waren wir nun alle drei der Naturgewalt ausgeliefert. Was danach passierte, kam mir wie ein schlechter Traum vor. Ich versuchte mehrere Male, Ania mit meiner ganzen Kraft nach vorne zu stoßen, um sie in das seichte Wasser zu befördern. Jedes Mal versank ich dabei selbst in der Tiefe. Manchmal schlugen die Wellen über mir zusammen, und ich blieb lange Zeit unter Wasser. Ich sah die unüberwindbaren, mit Luftbläschen übersäten grünen Wände und dachte: Wie lange halte ich das noch aus? Zu meinem Schrecken spürte ich plötzlich zusätzlich noch einen Unterwassersog, der mich ins Meer hinauszutragen schien!

Jedes Mal, wenn ich wieder an die Oberfläche gelangte, sah ich die beiden Kinder. Das Meer dröhnte ohrenbetäubend, es war sinnlos zu schreien. Wir kommunizierten mit den Augen. Den Ausdruck im Gesicht der kleinen Ania werde ich niemals vergessen: panische Angst, das Flehen um Hilfe, Unglaube, dass es wahr ist, was gerade passiert ... Und die Augen meines Sohnes; ihm war inzwischen klar, dass wir es aus eigener Kraft nicht schaffen würden, dem Wasser zu entkommen. Vielleicht könnten wir uns selbst noch gerade retten, aber nicht Ania. Gleichzeitig wusste ich, dass ich sie niemals zurücklassen würde ... Und ich war mir sicher, dass auch mein Sohn so fühlte.

Ich dachte fieberhaft über Rettung nach, aber was konnte ich schon tun? Die Mitbadenden, die nur ein paar Meter von uns entfernt in den Wellen spielten, merkten nicht, was mit uns geschah. Auch unsere Familie verweilte seelenruhig am Strand.

Von Weitem sah alles sicherlich nach einem tollen Spaß

im Wasser aus! Die nächste Welle kam und riss mich wieder in die bodenlose Tiefe. Wieder grüne, leuchtende Farbe vor den Augen, salziger Geschmack im Mund. Ich spürte Panik in mir aufsteigen. Große Angst zog mich in ihren Bann. Angst vor dem Sterben, vor dem Schmerz und auch davor, dass mein Blick den Kindern nicht mehr Halt bieten würde, falls ich noch mal an die Wasseroberfläche käme …

Ich fühlte, wie die Panik ihrem Höhepunkt zustrebte. Und plötzlich durchflutete mich der Gedanke: Warum habe ich eigentlich Angst?! Ich bin doch immer sicher! Mir kann nichts passieren, denn Gott ist jederzeit bei mir!

Es waren die wunderbaren Erkenntnisse aus meinem Lieblingspsalm 23, über die ich damals schon ein gutes halbes Jahr meditierte und die ich inzwischen in meinem Bewusstsein verankert hatte. Unbeschreibliche Ruhe, Stille und Zuversicht überkamen mich.

Im nächsten Augenblick standen wir alle drei hustend und Wasser spuckend auf dem festen Grund. Eine sanfte Welle trug uns aus der Tiefe heraus.

Und wieder kommunizierten wir ohne Worte. Ein Wunder war geschehen.

Legen Sie Ihre Sorgen und Anliegen
bei ihm ab. Was immer Ihnen
auf dem Herzen liegt – machen Sie es
zu einem Gebet. Vielleicht finden
Sie es auch hilfreich, einmal am Tag
Psalm 23 zu beten.

JAMES BRYAN SMITH

Beten mit den Namen Gottes

DELIA HOLTUS

Einmal, an einem Sommerabend, besuchte ich in London eine afrikanische Gemeinde. Mehrere Hundert Menschen sangen und klatschten in die Hände, während sie Gott anbeteten. Ich war fasziniert von der emotionserfüllten Atmosphäre, aber ich fühlte mich auch einsam. Ich kannte niemanden. Meine Gedanken gingen zurück nach Deutschland, zu einem Problem, das mir Sorgen machte. Tränen liefen mir übers Gesicht, während um mich herum die Menschen sangen, laut beteten und Bibelworte zitierten.

Sobald der Gottesdienst zu Ende war, eilte ich auf den Ausgang zu. Plötzlich streckte mir eine junge Afrikanerin einen Zettel entgegen. Darauf stand, sorgfältig mit der Hand geschrieben:

Liebe Schwester!
Gott sieht deine Tränen und hört dein Weinen. In 1. Mose 21,17 hat Gott Hagars Sohn Ismael weinen gehört, dort, wo sie ihn alleingelassen und aufgegeben hat, weil sie nicht wusste,

an wen sie sich wenden sollte. Aber Gott hörte den Jungen und sorgte sowohl für sie als auch für ihren Sohn. Schwester, Gott liebt dich. Gib nicht auf.

Elizabeth

Ich starrte auf den Zettel und meine Augen füllten sich erneut mit Tränen, aber diesmal vor Freude! Als ich durch die Dunkelheit zur U-Bahn-Station lief, fühlte ich mich nicht mehr allein. »Ja, du bist der Gott, der mich sieht«, betete ich mit Hagar, »und du liebst mich so sehr, dass du es einer jungen Frau aufs Herz gelegt hast, mir diese Worte zu schreiben. Du wirst für mich sorgen und du weißt auch eine Lösung für das Problem in Deutschland. Du bist der Gott, der mich sieht.«

Die Namen Gottes beschreiben seinen Charakter. Sie zeigen uns, wer Gott ist und was er tun kann. Die Namen Gottes zu studieren, hilft dir, Gott besser kennenzulernen und ihm zu vertrauen.

Hier einige Namen, wie Gott sich in der Bibel offenbart:

El → »Gott«. Die Betonung liegt auf Gottes Allmacht.
El Roi → »Der Gott, der mich sieht« (siehe 1. Mose 16,13). Mit »sehen« ist nicht nur »wahrnehmen« gemeint, sondern »ansehen, um zu helfen«.
El Shaddai → »Gott, der Allmächtige« (siehe z. B. 1. Mose 17,1).
El Elyon → »Gott, der Höchste« (siehe z. B. Psalm 97,9).
Yahweh → Gottes persönlicher Name. Dieser Name wird meistens mit »der Herr« übersetzt.

Yahweh-Jireh → »Der Herr ist unser Versorger« (siehe 1. Mose 22,14). Gott gibt uns das, was wir brauchen, und zwar genau zum richtigen Zeitpunkt.

Yahweh-Ra'ah → »Der Herr ist mein Hirte« (siehe Psalm 23,1).

Yahweh-Rophe → »Der Herr ist unser Heiler« (2. Mose 15,26).

Yahweh-Shalom → »Der Herr ist unser Friede« (Richter 6,24). Gemeint ist ein umfassender Friede, der aus einer richtigen Beziehung zu Gott und anderen Menschen resultiert.

Yahweh-Shammah → »Der Herr ist hier« (Hesekiel 48,35).

»Age to age you're still the same by the power of the name«, singt Amy Grant. Es liegt Kraft darin, die Namen Gottes auszusprechen, denn es stärkt unseren Glauben, dass Gott wirklich so ist, wie er zu sein versprochen hat – und dass wir ihn auf diese Weise erfahren können.

Was brauchen Sie im Moment? Inneren Frieden? Hilfe bei einer bestimmten Aufgabe? Gibt es einen Namen, wo Gott sich als derjenige vorstellt, der genau dieses Bedürfnis erfüllen will? Reden Sie ihn mit diesem Namen an. Sprechen Sie es laut aus: »Du bist der Herr des Friedens!«, »Du bist mein Hirte!«.

Bläcki

HANNA RUEF-BIRCHER

Nach einer Zeit, die mir wie eine Ewigkeit erschien, kam endlich der Frühling und die ersten Krokusse streckten ihre schönen, farbigen Köpfchen der warmen Sonne entgegen. Schon bald würden wir zur geliebten Alp hochsteigen. Auf diese Zeit freute mich ganz besonders, ebenso meine Ziegen. Ich konnte es an ihrem Verhalten sehen, denn ich kannte sie sehr gut. Wir hatten den gleichen Wunsch, freies Herumtoben war für uns das Schönste.

Zuerst aber musste ich die Ziegen wieder auf die untere Weide treiben. Vater kaufte noch ein paar Schafe dazu, die ich ebenfalls hüten sollte. Da Schafe keine Blätter fressen, wird es ihnen im Wald schnell langweilig. Die Ziegen wollten aber gerne im Wald bleiben. Deshalb war es für mich eine große Herausforderung, den Schafen und den Ziegen gleichzeitig gerecht zu werden. Solange ich mich im Wald befand, musste ich mit der Herde immer in Bewegung bleiben. Ansonsten machten sich die Schafe auf und davon, weil sie eine Weide suchen wollten, wo es saftiges Gras gab. Das schmeckte zwar auch den Ziegen eine Weile, aber die sollten dann schnell wieder im nahen Wald nach Blättern suchen. Wieder und wieder liefen mir die Ziegen in den Wald davon und wollten gerne mit mir weiterwandern. Nach ein paar Stunden gab ich meist nach und die Schafe mussten wohl oder übel mitgehen.

Das kleinste Lamm war mein Liebling. Es hörte auf den Namen »Bläcki« und hielt tapfer mit den anderen Schritt. Weil die Mutter es nicht angenommen hatte, dachte es, dass ich seine Mutter sei, und folgte mir, wohin ich auch ging.

Schließlich begann es zu dämmern, und ich musste mich beeilen, wenn ich nicht von der Dunkelheit überrascht werden wollte. An einem Abend vermisste ich mein kleines Lamm, als ich mit den Tieren zu Hause ankam. Schnell brachte ich die anderen Tiere in den Stall und schon war ich wieder unterwegs, ohne mich zuerst bei meinen Eltern zu melden, zurück auf demselben Weg, den ich gekommen war.

Während ich durch den Wald ging, rief ich immer wieder nach Bläcki, denn ich wusste, wenn das Kleine meine Stimme hörte, würde es so lange blöken, bis ich es fand. Auf einmal hörte ich Bläckis leisen Ruf. Das Blöken wurde immer lauter, aber das Lamm kam nicht zu mir. Irgendetwas musste passiert sein!

Noch ein paar Meter und ich erreicht das kleine Lamm. Es war in einem großen Dornbusch hängen geblieben. Durch sein Vorwärtsdrängen gruben sich die Dornen immer stärker in sein Fell. Es gelang mir nur mit viel Mühe, das Kleine zu befreien, das ziemlich viel Wolle lassen musste. Auch ich bekam einige Kratzer ab. Doch endlich war es frei!

Inzwischen war es schon ziemlich dunkel geworden, wir mussten uns nun sehr beeilen, nach Hause zu kommen. Kurzerhand nahm ich das Lamm auf meine Arme und lief, so schnell ich konnte, den Weg zurück. Immer wieder leckte Bläcki mir seinem kleinen rosa Zünglein meine Hand; es freute sich wohl, dass ich es endlich gefunden hatte. Glücklich kamen wir daheim an und ich drückte das Lamm noch einmal fest an mich, bevor ich es zu den anderen Tieren in den Stall brachte.

Mein Erlebnis erinnerte mich an die Geschichten vom verlorenen Schaf (Lukas 15,4–7). Genau so war es mir mit Bläcki ergangen, nur dass ich statt hundert Schafen eine Menge Ziegen und nur ein paar Schafe hatte. Es ist etwas ganz Besonderes, wenn Tiere die Stimme ihres Hirten kennen, so wie Bläcki meine.

Bei diesem Gedanken fragte ich mich, ob ich die Stimme des himmlischen Hirten auch kannte …

Meine Schafe hören auf meine Stimme;
ich kenne sie, und sie folgen mir.
Ich schenke ihnen das ewige Leben, und
sie werden niemals umkommen.
Niemand wird sie mir entreißen.

JESUS IN JOHANNES 10,27–29; NL

Keine Angst, keine Angst, Rosmarie!

ANDI WEISS

»Das kann doch einen Seemann nicht erschüttern ... keine Angst, keine Angst, Rosmarie. Wir lassen uns das Leben nicht verbittern. Und wenn die ganze Erde bebt und die Welt sich aus den Angeln hebt ... keine Angst, keine Angst, Rosmarie.«

Kennen Sie dieses Lied? Als Heinz Rühmann es gesungen hat, war ich noch gar nicht auf der Welt.

Haben Sie eigentlich Angst? Wovor? Liegt es daran, dass wir alle so wenig wissen, wo es in unserem Leben hingehen wird? Dann geht es Ihnen vielleicht wie dem Mann, der hilflos in München am Marienplatz steht. Verwirrt schaut er sich um. Auf seinem T-Shirt kann man die Buchstaben »M.b.i.f« lesen. Eine Frau kommt auf ihn zu und fragt: »Was bedeuten denn die Buchstaben ›M.b.i.f‹ auf Ihrem T-Shirt?«

Daraufhin sagt der Mann: »Ach, wissen Sie, das heißt: ›Mensch, bin ich verwirrt!‹«

Die Frau antwortet: »Das sehe ich! Aber ›verwirrt‹ schreibt man doch nicht mit ›f‹ sondern mit ›v‹.«

Der Mann antwortet nur: »Dann sehen Sie mal, wie verwirrt ich bin!«

In der Bibel lesen wir einmal, wie Jesus die Menschen um sich herum wahrnimmt. Es geht ihm sprichwörtlich an die Nieren. Wir lesen: »Es jammerte ihn, denn sie waren wie Schafe, die keinen Hirten haben!« Wenn ich mir heute die Sorgen unserer Gesellschaft anschaue, dann verstehe ich Jesus.

Wie viele Menschen gibt es ohne Ziel? Menschen ohne Orientierung, auf der Suche nach dem Sinn des Lebens; nach Anerkennung, nach Ansprache, nach Gewissheit – auch nach Glaubensgewissheit. Nach jemandem, der sie bei der Hand nimmt und ihnen den richtigen Weg zeigt. Ja, ich glaube, das kann einem an die Nieren gehen und Angst machen. Das kann einem das Herz zerbrechen. Das kann schon fast wehtun. Und diese Probleme haben ja nicht nur immer die anderen. Auch ich selbst kenne Zweifel in meinem eigenen Glaubensleben, wie jeder, der ehrlich zu sich selbst ist.

Es gibt Zeiten, da kennt unser Herz auch nur einen Ausspruch: »Mensch, bin ich verwirrt!« – Was ist denn richtig? Wo geht es denn lang im Leben? Welche Entscheidung ist die richtige? Wer kann mir denn da nur helfen?

Jesus Christus sagt über sich: »Ich bin das A und das O, der Erste und der Letzte, der Anfang und das Ende!« (Offenbarung 22,13). Das erinnert mich an meine Zeit im Kindergarten. Ich weiß nicht, ob das bei Ihnen auch so war, aber in dem Kindergarten, in den ich als Kind gegangen bin, gab es bei Ausflügen folgende goldene Regel: Ganz vorne geht als Erstes ein Erwachsener und ganz hinten geht auch nur ein Erwachsener. Und das hatte auch seinen ganz bestimmten Grund. Sowohl der Erste als auch der Letzte tragen jeweils eine ganz bestimmte Verantwortung. Der Erste gibt die Richtung vor, er bestimmt das Tempo, gibt die Orientierung und sagt, wo es langgeht. Der Letzte ist das Schlusslicht, er ist der Lumpensammler. Der Letzte ist der, der für die »Zurückgebliebenen« Verantwortung übernimmt. Wenn Hannes aufs Klo muss, Cordula offene Schuhbänder hat und Jessica lautstark ihren Sitzstreik androht, weil ihr die Wanderlust vergangen ist, dann ist der Letzte zur Stelle und passt sich dem Tempo der Schwachen an.

Gott übernimmt beide Aufgaben zugleich! Er ist »der Erste« und »der Letzte«! Der, der ist, der war und der kommt! Der Anspruch und der Zuspruch für unser Leben zugleich. Er ist der Erste! Der, der die Verantwortung für die Orientierung übernimmt, der dem Menschen durch die Gebote eine Rahmenordnung vorgibt, der sagt, wo es langgeht, wie er sich den Menschen vorgestellt hat, der Pläne macht. Und er ist der Letzte! Der Gott, der gleichzeitig Lumpensammler ist. Der sich dem Tempo der Schwachen anpasst. Der Gott, der sich für die Schwachen interessiert! So ängstlich wir auch sind, so verwirrt wir auch sein mögen. Gott setzt uns einen schützenden Anfang und ein behütetes Ende.

Mein Hirt ist Gott, der Herr,
er will mich immer weiden,
darum ich nimmermehr
kann Not und Mangel leiden;
er wird auf grüner Au,
so wie ich ihm vertrau,
mir Rast und Nahrung geben
und wird mich immerdar
an Wassern, still und klar,
erfrischen und beleben.

Er wird die Seele mein
mit seiner Kraft erquicken,
wird durch den Namen sein
auf rechte Bahn mich schicken,
und wenn aus blinder Wahl
ich auch im finstern Tal
weitab mich sollt verlieren,
so fürcht ich dennoch nicht;
ich weiß mit Zuversicht,
du, Herr, du wirst mich führen.

Caspar Ulenberg

Er ist da

SEFORA NELSON

Er ist da. Als Ihr Hirte. Jetzt. Versuchen Sie, sich das immer wieder vor Augen zu führen. Stellen Sie sich Ihrem jetzigen, unperfekten Umfeld, und lernen Sie, was es zu lernen gibt. Lassen Sie sich führen von dem Hirten, der es gut mit Ihnen meint. Und der auch Unperfektes gebrauchen kann, um Ihnen wertvolle Lektionen zu erteilen. Ärgern Sie sich nicht über die Bären oder Löwen in Ihrem Leben. Vielleicht geht es gar nicht um sie. Vielleicht sind diese Herausforderungen nur eine Zwischenprüfung, die Sie auf den Riesen vorbereiten sollen.

Davids Strategie war das Vertrauen in seinen guten Hirten – aber auch der Dank. Wenn Sie also zwischendurch den Mut verlieren und Ihnen das Herz schwer wird, entscheiden Sie sich, Ihrem Hirten zu vertrauen. Und ihn zu loben. Trotz allem. Auch wenn Sie es mit dem Loben nicht so recht hinbekommen. Trauen Sie ihm zu, dass er Sie nicht aus den Augen verliert, Sie nicht aufgibt, sondern Sie ausbilden möchte – ähnlich wie ein Sonderkommando, eine Spezialeinheit. Woher wollen Sie denn wissen, wer morgen zu Besuch kommen und genau Sie aufsuchen wird? Woher wollen Sie wissen, wo die Reise hingeht, wenn Sie sich auf das Abenteuer einlassen, sich von Ihrem Hirten führen zu lassen?

David versuchte mit allen Mitteln, seinem Vater die Schafe wohlbehalten, vollzählig und gesund wiederzubringen. Er war der Hirte und er wusste, was sie brauchten: Bewegung, Ruhe, Pausen, Wasser, Futter und Schutz. Er muss einfach geglaubt haben, dass Gott in einer ähnlichen Weise für ihn sorgt. Dass er ihn schützt und führt und dass er ihn mit allem, was er braucht, versorgt.

Mit welcher Zuversicht müssten wir – erhobenen Hauptes – durch alle Höhen und Tiefen des Lebens gehen, wenn wir den Schwierigkeiten mit dieser Gewissheit entgegentreten könnten!

Der Herr ist mein Hirte.

Kann ich meinen guten Hirten sehen? Genau hier, neben mir, hinter mir und vor mir? Kann ich mich darauf einlassen, von ihm geführt und versorgt zu werden? Ihm mehr zu vertrauen? Mehr noch als meinen Beziehungen, meiner stabilen Gesundheit, meinem gefüllten Konto oder meinen Fähigkeiten?

Darf er mein Hirte sein?

Nur wenn ich von Herzen diesen ersten Teil des Satzes beten kann, ergibt auch die zweite Hälfte Sinn: ... *mir wird nicht mangeln.*

Ein unerwarteter Segen

JIM SNIPES MIT NANETTE THORSEN-SNIPES

Wenige Wochen, nachdem ich innerhalb von sechs Jahren zum dritten Mal arbeitslos geworden war, stand ich am Herd und briet Hackfleisch. Meine Frau Nanette sortierte gerade die Rechnungen, die wir bezahlen mussten, und ich ging zu ihr, um einen Blick über ihre Schulter zu werfen. Als plötzlich ein durchdringender Brandgeruch in unsere Nase stieg, konnte meine Frau das Hackfleisch gerade noch retten. Meine Bemühungen, bei der Vorbereitung des Abendessens zu helfen, hatten nicht viel genützt.

Es war schon schlimm genug gewesen, dass ich von der Firma entlassen worden war, bei der ich 28 Jahre lang gearbeitet hatte. Und dann hatte ich auch noch die nächsten beiden Jobs verloren. Ich fragte mich, was aus uns werden sollte.

Die erste Kündigung war wie ein Schlag ins Gesicht gewesen. Ich hatte mir eine Führungsposition erarbeitet, hatte mich in all den Jahren keine zehn Tage krankschreiben lassen und war immer ein fleißiger und loyaler Angestellter gewesen. Doch wie ich erkennen musste, ist niemand unersetzlich. Eines Tages unterbrach Nan mein tägliches Ritual, Bewerbungen zu schreiben. »Jim«, sagte sie, »im Fernsehen wurde gerade gezeigt, dass der Hurrikan *Mitch* Honduras verwüstet hat.«

Was ging mich das an? Honduras war unendlich weit von meinen verzweifelten Gedanken entfernt, die ständig darum kreisten, einen Job zu finden.

Sie fuhr fort: »Die Leute dort haben nichts – nichts außer den Kleidern an ihrem Leib.«

Ohne zu reagieren begann ich, ein weiteres Formular auszufüllen.

»Ich denke, wir sollten etwas für diese armen Leute spenden«, erklärte sie. »Und wir haben auch viele Kleider, die wir ihnen schicken könnten.«

Ich spürte Hitze in mein Gesicht steigen. Das konnte doch nicht ihr Ernst sein! Sie wollte anderen Leuten helfen? Wir hatten doch selbst kaum genug.

Unwillig protestierte ich, hielt jedoch inne, als sie sagte, sie fühle sich von Gott dazu gedrängt.

Später an diesem Tag brachten wir abgelegte Kleider zu einer Kirche in unserer Nachbarschaft, die eine Hilfsaktion für Honduras gestartet hatte. Während wir im Keller standen und mit dem Pastor redeten, flüsterte Nan mir etwas zu. Nachdem ich nickend mein Einverständnis gegeben hatte, stellte sie einen Scheck über hundert Dollar aus – eine Ausgabe, die wir uns eigentlich nicht leisten konnten.

Ich sah der darauffolgenden Woche nicht allzu optimistisch entgegen, denn ich erwartete, dass ich wie bisher eine Absage nach der anderen bekommen würde. Doch wie durch ein Wunder öffneten sich gleich mehrere

Türen, und es schien tatsächlich, als würde ich bald wieder eine Arbeit haben. Zwar ging die Zeit meiner Arbeitslosigkeit noch nicht sofort zu Ende, aber ich spürte, dass Gott sich um uns kümmerte, nachdem wir bereit gewesen waren, anderen zu helfen.

Ein weiteres Problem bestand darin, dass wir eine Krankenversicherung brauchten, die Beiträge aber nicht bezahlen konnten. Eines Tages erhielten wir einen Brief von unserer Kirchengemeinde: »Wir haben eine anonyme Spende für euch bekommen. Der Geber betet für euch und hatte den Eindruck, er solle euch finanziell helfen.«

Tränen stiegen mir in die Augen. Dieser Scheck würde unsere Krankenversicherung abdecken! Gott hat uns unglaublich gesegnet. Obwohl ich mich zuerst wie ein störrisches, verwöhntes Kind benommen habe, das nicht mit anderen teilen will, hat Gott mir seine Gnade erwiesen und sich Stück für Stück um unsere Bedürfnisse gekümmert.

Zwei Wochen nachdem der unerwartete Scheck eingetroffen war, bekam ich die Arbeitsstelle, die ich heute noch habe. Gott ist überaus großzügig, wenn wir bereit sind, anderen zu helfen.

Er schenkt mir voll ein

JENNIFER STRICKLAND

Über unserem Kamin zu Hause hängt ein Bild von Überfluss und Fülle mit unserem Familienmotto: »Du schenkest mir voll ein«, einem Zitat aus dem Psalm 23.

Jedes Mal, wenn ich von seinem Wort »trinke« und die innere Leere fülle, bin ich schließlich so voll, dass ich überfließe – und das geschieht mittlerweile immer häufiger. Ich versuche nicht mehr, alles und jeden in meiner Umgebung anzuzapfen, um mich zu füllen, weil ich bereits erfüllt bin. Ich denke nicht mehr so viel an mich selbst; lieber möchte ich seine Liebe über andere ausgießen.

Gott stillt die Bedürfnisse jedes Lebewesens. »Freue dich über den Herrn«, heißt es in der Bibel, »er wird dir alles geben, was du dir von Herzen wünschst, wie er das für mich getan hat« (Psalm 145,16; 37,4). Er wird Sehnsüchte stillen, ganz gleich, wie die Hohlräume entstanden sind.

Wir möchten gekannt, gesehen und geliebt sein. »Mit großer Kunstfertigkeit«, sagt Gott, »habe ich dich im Verborgenen gestaltet; ich habe dich geschaffen« (siehe Psalm 139,13 – 15). Er kennt uns. Ja, er kennt uns besser als jeder andere, weil er uns gemacht hat. Und als er uns schuf, hat er in unserem Herzen einen Hohlraum gelassen, den nur er füllen kann.

Er kennt unsere Sehnsüchte, weil er sie geschaffen hat. Und er möchte uns das eine schenken, das allein diese Leere im Herzen ausfüllen kann: die Gewissheit, dass wir mit einer vollkommenen, unsterblichen Liebe geliebt sind, dass wir schön und es wert sind, umkämpft zu werden. Nie mehr wird uns Gott verlassen oder verraten. Seine Zukunft mit uns wird unsere kühnsten Träume übersteigen. All das verspricht Gott uns in seinem Sohn. Wenn wir mitten im tiefsten Tal stecken oder mitten in der reißenden Strömung und fürchten, dass sie uns erfassen und mitreißen könnte, sieht er uns; sein Herz ist voller Mitgefühl für uns und er möchte nichts lieber, als uns die Hand reichen und helfen, wenn wir seine Hand nur ergreifen würden.

Gott kümmert sich

um uns

Kommt, lasst uns dem Herrn zujubeln!
Wir wollen ihn preisen, den Fels,
bei dem wir Rettung finden!
Lasst uns dankbar zu ihm kommen
und ihn mit fröhlichen Liedern besingen!
Denn der Herr ist ein gewaltiger Gott,
der große König über alle Götter!
In seiner Hand liegt alles – von den Tiefen der Erde
bis hin zu den Gipfeln der höchsten Berge.
Ihm gehört das Meer, er hat es ja gemacht,
und seine Hände haben das Festland geformt.
Kommt, wir wollen ihn anbeten
und uns vor ihm beugen;
lasst uns niederknien vor dem Herrn, unserem Schöpfer!
Denn er ist unser Gott, und wir sind sein Volk.
Er kümmert sich um uns wie ein Hirte,
der seine Herde auf die Weide führt.

Aus Psalm 95

Gentle Shepherd

GLORIA GAITHER

Vor einigen Jahren verbrachte ich meinen Urlaub mit meiner Tochter Amy, ihrem Mann Andrew und ihrem kleinen Sohn Lee in einem Ferienhaus in England. Amy und Andrew, die gerade ihr Schauspielstudium abgeschlossen hatten, hatten schon lange geplant, das Land zu besuchen, das uns William Shakespeare und viele andere große Dichter, Schriftsteller und Dramatiker geschenkt hat.

Zwei Wochen wollten sie ein Ferienhaus in den Cotswolds mieten, in den sanft geschwungenen Hügeln im Herzen Englands, in denen sich in den letzten Jahrhunderten nur wenig verändert hat. Das war das England, wie ich es mir immer vorgestellt hatte, auch wenn ich glaubte, dass es so schon lange nicht mehr existierte. Von unserem Ferienhaus aus wollten sie Tagesausflüge unternehmen, um die Schauplätze und Wurzeln der Dramen, die sie gelesen und aufgeführt hatten, zu besichtigen. Ich begleitete sie auf der Reise, weil ich England mochte und mich um den kleinen Lee kümmern wollte – den ich auch sehr mochte.

Die Gegend der Cotswolds ist von Landwirtschaft und Viehzucht geprägt. Überall sah man Schafe und Lämmer.

An den engen Straßen sah man immer wieder Schilder mit der Aufschrift: »Bitte das Gatter immer geschlossen halten.« Die Schäfer erklärten uns, dass einem Schaf, das ausbricht, alle anderen folgen, und wenn sie sich erst einmal von ihrer Wiese entfernt haben, verlieren sie völlig die Orientierung und verlaufen sich. Anders als Hunde oder Gänse finden sie nicht wieder nach Hause. Sie verfangen sich im Dickicht oder fallen in einen Graben. Sie fressen Dinge, die ihnen nicht bekommen, und fallen leicht Raubtieren zum Opfer. Und am schlimmsten ist vielleicht, dass sie nicht einmal eine Ahnung haben, dass sie so ahnungslos sind.

Der Psalmist David war ein Hirte, und deshalb findet man in seinen Liedern viele Metaphern und Sprachbilder, die sich um Schafe drehen. »Der Herr ist mein Hirte, mir wird nichts mangeln« (Psalm 23,1; LU) – So beginnt das Kapitel der Bibel, das am häufigsten auswendig gelernt wird. In diesem Psalm wird jeder Aspekt unseres Lebens mit dem eines Schafs verglichen, um das sich ein weiser und aufmerksamer Hirte kümmert. Psalm 28 schließt mit Davids Bitte: »Hilf deinem Volk und segne dein Erbe und weide und trage sie ewiglich« (LU). In Psalm 119 bekennt der Psalmist: »Ich bin wie ein verirrtes und verlorenes Schaf« (V. 176; LU).

Auch Jesus bezeichnete sich als Hirte und die Menschen im Allgemeinen sowie die Jünger im Besonderen als Schafe. Als er die Unmengen an Menschen sah, die verloren und bedürftig waren, »ergriff ihn das Mitleid, denn sie waren so hilflos und erschöpft wie Schafe, die keinen Hirten haben«

(Matthäus 9,36; GN). Er sagte seinen Jüngern, dass der »gute Hirte [...] sein Leben für die Schafe [opfert]« (Johannes 10,11) und er sich nichts sehnlicher wünschte, als dass sie eine einzige Herde mit einem einzigen Hirten seien.

All diese Bibelstellen, in denen von Schafen die Rede ist, kamen mir wieder in den Sinn, als ich die zufriedenen, gut genährten und gut beschützten Schafe auf den saftigen Weiden der Cotswolds sah, wo klare Bäche rauschten und große Hecken verhinderten, dass die Schafe weglaufen und Raubtiere eindringen konnten.

Als wir einmal jedoch auf einer schmalen Straße voller Schlaglöcher um die Kurve bogen, waren wir erstaunt, als wir zwei Schafe sahen, die nur eine Handbreit von der Fahrbahn entfernt grasten. Sie schienen sich der Gefahr, in der sie sich befanden, überhaupt nicht bewusst zu sein. Solange es einen Grashalm gab, den sie sich in den Magen schlagen konnten, fraßen sie sich Stück für Stück ins Verderben. Sie brauchten wirklich einen Hirten!

Wie sehr gleichen wir Menschen doch diesen Geschöpfen! Während von unserem beschränkten Standpunkt aus alles gut aussieht, schweben wir möglicherweise ganz besonders in Gefahr; denn wir sind dann so selbstzufrieden, dass wir überzeugt sind, überhaupt keinen Hirten zu brauchen. Doch wenn uns Probleme in Panik versetzen, befinden wir uns möglicherweise viel eher in Sicherheit, weil wir begreifen, dass wir jemanden brauchen, der uns führt, einen Beschützer mit einem Hirtenstab, der uns den Weg zu unserem Ziel weist, nach dem wir uns sehnen, das wir jedoch niemals auf eigene Faust finden könnten.

Wir haben das Lied »Gentle Shepherd« geschrieben, als wir Eltern wurden. Die Aufgabe, die Kinder zu erziehen, die Gott uns geschenkt hat, hat uns mehr als alles andere ins Bewusstsein gerufen, dass wir auch selbst einen Hirten brauchen. Wie Schafe verlieren auch wir manchmal vollkommen die Orientierung. Wir wissen nicht, was für eine Persönlichkeit Gott in unsere Kinder hineingelegt hat. Anzeichen ihrer Begabungen können wir entdecken, oft jedoch nur solche, mit denen wir uns identifizieren können. Das dahinterliegende Potenzial ist dagegen nur schwer einzuschätzen. Wir bereiten sie darauf vor, in einer Welt zu leben, die wir noch gar nicht kennen; die Berufe, die sie einmal ergreifen werden, gibt es vielleicht noch gar nicht.

Das Gleichgewicht zwischen positiver Bestärkung und Bestrafung, Freiheit und Grenzen, Ermutigung und Warnung sieht für jedes Kind, jede Zeit und jede Generation anders aus. Trotzdem sind die absoluten Wahrheiten im Wort Gottes notwendig und verlässlich, wie unstet die Zeiten auch sein mögen. Doch wie man diese Prinzipien unterschiedlichen Kindern unterschiedlichen Alters in unterschiedlichen Epochen der Geschichte am besten vermittelt, übersteigt die Weisheit von Vätern und Müttern bei Weitem, wenn sie sich nicht selbst von dem Guten Hirten leiten lassen. Als ich noch zur Schule ging, schrieb mir meine Mutter die folgenden Worte, mit denen sie mich ermutigte, mich diesem Hirten anzuvertrauen:

Der Hirte, der Freund. Die Schafe kennen wohl die Weide, doch der Hirte kennt die Schafe. Die Schafe legen sich behaglich nieder, doch ihr Hirte schläft nicht. Er beschützt die Jungen und Dummen, damit sie sich nicht in Gefahr bringen, und treibt die Alten sanft voran, damit sie nicht stecken bleiben. Wenn die Jungen ein wenig weiser geworden sind, ist es zum Handeln viel zu spät. Wenn die Alten die Methode beherrschen, sind sie sich der Sache nicht mehr so bewusst. Doch der Hirte kennt die Antwort, den Anfang und das Ende. Nichts ist weiser, meine Tochter, als ihn zum Freund zu wählen.

Schon lange bevor unsere Eltern um Weisheit beteten, um uns Orientierung zu geben und uns etwas beizubringen, noch bevor ich mich selbst in Bezug auf das Elterndasein so hilflos wie ein Schaf fühlte, schrieb der Prophet Jesaja ausführlich über den Messias, der jeder Generation ein guter Hirte sein würde:

Sag den Städten Judas: »Seht, da ist euer Gott! Seht, der Herr, euer Herrscher, kommt mit Macht. Der Herr regiert zu seinem Nutzen. Seht hin: Er bringt eine Belohnung mit und führt sein wiedererworbenes Volk vor sich her. Er wird seine Herde weiden wie ein Hirte: Die Lämmer wird er im Arm tragen und sie auf seinem Schoß halten, die Mutterschafe wird er freundlich leiten.«
Jesaja 40,9 – 11

Inzwischen sehen Bill und ich zu, wie unsere Kinder unsere fünf Enkel erziehen. Innerhalb nur einer Generation hat sich die Situation grundlegend geändert. Unsere Kinder gehörten zu den Ersten, die einen der frühen Spielcomputer zu Gesicht bekamen. Heute sitzen unsere Enkel (vier, acht, zwölf und vierzehn Jahre alt) am Computer, um Geschichten zu schreiben, mit Lernprogrammen Mathematik zu üben, ihre Lieblingsbücher zu lesen und ins Internet zu gehen; im Umgang mit dem Computer sind sie absolut versiert.

Die Welt unserer Enkel wird völlig anders aussehen als die, die wir heute kennen. Und doch wird der Gute Hirte auch sie auf grüne Weiden und zum frischen Wasser führen.

Ein Schaf wird der Notwendigkeit, einen Hirten zu haben, niemals entwachsen, und andererseits erwartet der Hirte von einem Schaf auch niemals, ein Hirte zu sein, sondern weiß, dass Schafe nun einmal Schafe sind, für die man sorgen muss, bis sie sterben.

Gentle Shepherd – Guter Hirte

Guter Hirte, komm und führe uns,
denn wir brauchen deine Hilfe,
um den richtigen Weg zu finden.
Guter Hirte, komm und weide uns,
denn wir brauchen Tag für Tag deine Kraft.
An niemand anderen können wir uns wenden,
dass er uns hilft, den morgigen Tag zu bestehen;
guter Hirte, komm und führe uns,
denn wir brauchen deine Hilfe,
um den richtigen Weg zu finden.

Wenn verlockende Stimmen auf uns einprasseln
und unsere Welt von Geräuschen überflutet wird,
dann hilf uns, Herr, auf dich zu hören.

In einem Land, das von einem Labyrinth von Straßen
und nicht endenden Autobahnen zerschnitten
und verunstaltet wird,
hilf uns, Herr, deinen Weg zu finden.
In einer Zeit leichtfertiger Versprechungen,

hohl klingender Garantien und Versicherungspolicen,
die sofortige Entschädigung versprechen,
reich uns, Herr, deine Hand,
denn dort sind wir sicher.

Wenn wir es wagen, in dieser gefährlichen Zeit
Eltern zu werden,
und unsere Kinder auf eine Zeit vorbereiten wollen,
von der wir nicht wissen, wie sie aussieht,
dann brauchen wir dich, Herr.

In allen Dingen, guter Hirte,
hilf uns, den Weg zu finden.
An niemand anderen können wir uns wenden,
dass er uns hilft, den morgigen Tag zu bestehen;
guter Hirte, komm und führe uns,
denn wir brauchen deine Hilfe,
um den richtigen Weg zu finden.

Text und Lesung: Gloria Gaither
Melodie: William J. Gaither
Copyright © 1974 by William J. Gaither.
Alle Rechte vorbehalten.

Die Last eines autonomen Lebensstils

MAX LUCADO

Eine besonders herausragende Eigenschaft ist mir bei Müttern immer wieder aufgefallen. Sie scheinen genau zu wissen, wie man das Leben im Griff behält. Ganz gleich welches Problem unerwartet auftaucht, Mütter finden eine Lösung. Sie stopfen Löcher, waschen die hartnäckigsten Flecken aus und machen aus alten Resten etwas Neues. Mütter sind findig, doch ihr Einfallsreichtum kann auch eine Kehrseite haben. Gewandtheit im Umgang mit Problemen wird leicht zu Selbstüberschätzung. Wir haben das Gefühl, keine Hilfe zu brauchen, und hegen Gedanken wie diese:

Ich brauche keine guten Ratschläge.
Ich kriege das schon alleine hin.
Vielen Dank, ich brauche keinen Hirten.

Wir Menschen wollen die Dinge einfach gerne so regeln, wie es uns passt. Nicht unbedingt auf die einfachste Weise, auch nicht auf die allgemein übliche Weise, nicht einmal auf die beste Weise und schon gar nicht auf Gottes Weise. Wir wollen es so, wie es uns in den Kram passt.

Der Bibel nach zu urteilen ist genau das unser Problem. »Wir hatten uns alle verirrt wie Schafe, jeder ging für sich seinen Weg« (Jesaja 53,6).

Vielleicht wundern Sie sich, dass Schafe auch störrisch sein können. Von allen Tieren, die Gott geschaffen hat, sind die Schafe am wenigsten in der Lage, für sich selbst zu sorgen.

Schafe sind einfach dumm! Ist Ihnen schon jemals ein Schafdompteur begegnet? Haben Sie schon mal davon gehört, dass Schafe Kunststücke vollführen? Ist Ihnen schon mal jemand untergekommen, der Schafen beigebracht hätte, sich auf Kommando im Kreis zu drehen? Oder haben Sie schon einmal einen Zirkus gesehen, der eine Nummer mit dem Titel »Mazadon und seine springenden Schafe« gehabt hätte? Wohl kaum! Denn Schafe sind einfach zu dumm für so etwas.

Schafe sind auch völlig wehrlos. Sie haben weder Reißzähne noch Krallen. Sie können nicht zubeißen und davonlaufen können sie auch nicht. Darum wird man auch niemals einem Schaf als Mannschafts-Maskottchen begegnen. Es gibt Football-Mannschaften, die den Namen *St. Louis Rams* (Widder) tragen, oder *Chicago Bulls* (Stiere), oder auch *Seattle Seahawks* (Seeadler). Aber wer hätte je etwas von den *New York Lambs* (Lämmern) gehört? Wer will schon ein Lamm sein?

Was aber fast noch schwerer wiegt: Schafe sind schmutzig. Katzen und Hunde putzen sich selbst. Vögel plätschern im Wasser und Bären baden im Fluss. Schafe jedoch machen sich schmutzig und bleiben schmutzig.

Hätte David sich nicht eine bessere Metapher einfallen lassen können? Natürlich hätte er das. Er war schließlich ein Champion, der besser schießen konnte als Goliath und schneller rannte als Saul. Warum ist ihm für seinen Psalm nichts Besseres in den Sinn gekommen als ausgerechnet Schafe?

Wie wäre es zum Beispiel damit: »Der Herr ist mein Feldherr und ich bin sein Krieger.« Na bitte! Das klingt doch gleich ganz anders. Ein Krieger trägt eine glitzernde Rüstung und hat eine Furcht einflößende Waffe in der Hand. Wenn alles gut geht, bekommt er am Ende auch noch eine Tapferkeitsmedaille.

Oder wie klingt das hier: »Der Herr ist meine Inspiration und ich bin sein Solosänger.« Wir sind der mächtige Chor Gottes. Das klingt doch nach etwas! Und wie wäre es damit: »Der Herr ist mein König und ich bin sein Botschafter.« Wer wäre nicht geschmeichelt, Gottes Vertreter sein zu dürfen?

Jedermann horcht auf, wenn Gottes Gesandter seine Stimme erhebt. Jedes Ohr lauscht, wenn er mit herrlichen Weisen besungen wird. Und wenn seine mächtigen Krieger aufmarschieren, dann erbebt alles voller Ehrfurcht. Wen aber interessiert es, wenn Gottes Schafe irgendwo auftauchen? Wer nimmt Notiz davon, wenn Schafe ihren Gesang anstimmen oder sich zu hehren Taten aufschwingen? Es gibt wohl nur einen, der sich auch nur im Geringsten dafür interessiert, nämlich den Hirten. Und eben das will David hier zum Ausdruck bringen.

David war sowohl ein mächtiger Krieger als auch ein Minnesänger und ein Botschafter Gottes. Doch als er nach einem Bild suchte, um seine Beziehung zu Gott zu beschreiben, da dachte er an seine Jugendjahre als Schafhirte zurück. Er dachte daran, wie seine ganze Aufmerksamkeit Tag und Nacht der Schafherde galt, die seinem Schutz anvertraut war. Er schlief bei ihnen und sorgte für sie.

Seine Art und Weise, sich um die Schafe zu kümmern, erinnerte ihn daran, wie Gott für uns sorgt. Also rief David voller Freude aus: »Der Herr ist mein Hirte«, und dies bedeutet ganz ohne Frage, dass er sich selbst voller Genugtuung als Gottes Schaf ansah.

Der Vergleich mit einem Schaf behagt Ihnen nicht sonderlich? Lassen Sie uns doch spaßeshalber einmal ein kleines Fragespiel machen. Wir wollen mal sehen, wie gut Sie sich selbst und Ihre Umstände im Griff haben. Heben Sie einfach die Hand, wenn eine der folgenden Aussagen auf Sie zutrifft.

Sie haben Ihre Emotionen im Griff.
Sie sind niemals mürrisch oder bedrückt.
Sie sind immer wohlgestimmt und wollen für jedermann nur das Beste.

Trifft das auf Sie zu? Nicht so ganz? Na ja, versuchen wir einfach die nächsten Aussagen:

Sie sind mit jedermann im Reinen.
Alle Ihre Beziehungen sind im Lot und voller Harmonie. Selbst Ihre alten Flammen aus grauer Vorzeit haben nur Gutes von Ihnen zu berichten.
Sie sind liebevoll zu jedermann und jedermann liebt Sie.

Stimmt das? Wenn nicht, wie wär's damit:

Sie fürchten sich vor nichts und niemandem.
An Ihnen perlt alles ab wie an einer Teflonpfanne.
Die Börse stürzt ab – Sie lässt das kalt.
Bei Ihnen wird eine Herzerkrankung festgestellt – na und?
Der Dritte Weltkrieg droht – was läuft eigentlich gerade im Kino?

Können Sie das von sich behaupten?

Sie brauchen keinerlei Vergebung.
Sie haben noch nie etwas falsch gemacht.
Ihre Weste ist weiß wie Schnee und Ihr Leben ist so wohlgeordnet wie Großmutters Küchenschrank.
Sie haben noch nie gelogen und noch nie betrogen und auch noch nie etwas vertuscht, was Sie falsch gemacht haben.

Trifft das auf Sie zu? Nein?

Also, lassen Sie uns doch mal rekapitulieren: Sie haben Ihre Emotionen nicht im Griff. In einigen Ihrer Beziehungen kracht es etwas im Gebälk. Es gibt Dinge, um die Sie sich Sorgen machen, und Sie sind auch nicht über jeden

Fehltritt erhaben? Tja! Wäre es da nicht klug, noch mal zu überlegen, ob Sie die Dinge in Ihrem Leben wirklich im Griff haben? Mir scheint, Sie könnten vielleicht doch einen Hirten gebrauchen. Sonst klingt Ihr 23. Psalm am Ende so:

Ich bin mein eigener Hirte. Mir mangelt es grundsätzlich an allem.

Ich stolpere von Kaufhaus zu Kaufhaus und von Seelsorger zu Seelsorger in der Hoffnung auf Trost, doch nichts hilft.

Ich schleppe mich durch das finstere Tal und vergehe. Ich fürchte alles, von Konservierungsstoffen bis Elektrosmog, und ich fange schon an, mich wie meine Mutter zu benehmen.

Ich gehe zu den wöchentlichen Mitarbeitertreffen und bin von Feinden umringt.

Ich komme nach Hause und selbst mein Goldfisch schaut mich böse an.

Ich verarzte mein Haupt mit extrastarken Aspirintabletten. Mein Mariacron fließt über.

Übel und Verdrießlichkeit werden mich verfolgen mein Leben lang und ich werde voll Einsamkeit und Selbstzweifel sein alle Tage, die mir noch bleiben.

Wie kommt es nur, dass gerade diejenigen, die den Hirten am dringendsten nötig haben, sich ihm so sehr widersetzen?

Das ist die Frage, die ich allen einfallsreichen und autonomen Müttern (aber nicht nur ihnen!) stellen möchte. Die Bibel sagt: »Mach es so, wie Gott sagt.« Die Erfahrung lehrt uns: »Mach es so, wie Gott sagt.«

Und es kommt tatsächlich immer wieder einmal vor, dass wir uns darauf einlassen.

In Frieden leg ich mich nieder
und schlafe ein; denn du allein, Herr,
lässt mich sorglos ruhen.

PSALM 4,9; EÜ

... und ich bin dein Schaf

VERENA KEIL

Du bist mein Hirte
Und ich bin dein Schaf.

Geborgen in deiner Herde,
aber manchmal ängstlich und einsam.
Bemüht, auf dein Wort zu hören,
aber manchmal bockig.
Ich folge dir,
aber manchmal fühle ich mich verloren.
Ich vertraue deiner Führung,
aber manchmal bin ich uneinsichtig.

Ich bade in deinem Überfluss,
aber manchmal spüre ich innerlich Mangel.
Du schenkst mir grünes Gras,
aber manchmal erscheint es mir woanders grüner.
Du willst stets mein Bestes,
aber manchmal zweifle ich daran.
Du schenkst mir Weite,
aber oft kann ich nicht über meinen Horizont schauen.

Du bist mein Hirte
und ich bin dein Schaf.
Danke, dass du für mich sorgst
und dass ich dir hinterherstolpern kann,
jeden Tag neu.

***

Er sorgt für mein Volk wie ein guter Hirte. Die Lämmer nimmt er auf den Arm und hüllt sie schützend in seinen Umhang. Die Mutterschafe führt er behutsam ihren Weg.
Jesaja 40,11;Hfa

Das Perlenarmband

DR. MED. WALTRAUD GÜNTSCH

Ich wache aus der Narkose auf, gleite aber immer wieder in den künstlichen Schlaf zurück. Orientierende Konzentrationsversuche gelingen nicht. Bis ich mithilfe des 23. Psalms folgerichtig Satz für Satz zusammenbringe. Ich bin begeistert.

Ich kann es mir nur so erklären: Seit Jahren meditiere ich mit meinem Perlenband über diese Verse und betrachte und betaste dabei die bunten Kugeln. Zwölf Wahrheiten haben sich dabei für mich herausgebildet. Angeregt durch das bekannte Perlenband »Perlen des Glaubens«, habe ich diese Kette mit bunten Perlen zusammengestellt, die für mich jeweils geistliche Tatsachen symbolisieren.

Mein Mann hat früher gerne über den 23. Psalm gepredigt, weil er für ihn der bunteste aller Psalmen war. Das Blau steht zum Beispiel für das frische Wasser, das Grün für die Wiesen oder das Schwarz für das dunkle Tal, durch das der Hirte uns begleitet. Während ich über Christus nachdachte, fügte ich so eine Perle zur anderen.

Spielerisch und doch voller Ernst können wir uns alle ein solches Gebetband schaffen, das uns dabei hilft, geistliche Überzeugungen tief in uns aufzunehmen.

Als wir vor einigen Jahren aus beruflichen Gründen einige Zeit in der Ukraine waren, habe ich das Gebetband von Kiew bis Odessa mit den Christen unserer ukrainisch-evangelischen Gemeinden gebastelt und ihnen Psalm 23 anhand dieser Kette erklärt:

»Der Herr ist mein Hirte, mir wird nichts mangeln.« Die erste Perle ist golden. Sie steht für den Hirten, für Gott. Gott ist heilig.

Die zweite Perle ist grün, denn: *»Er weidet mich auf einer grünen Aue.«*

Die dritte Perle ist blau: *»Er führet mich zum frischen Wasser.«*

»Er erquicket meine Seele.« Die vierte Perle ist weiß und steht für die Seele, der er Kraft schenkt.

»Er führet mich auf rechter Straße.« Diese Straße wird durch die fünfte Kugel dargestellt, die gelb ist.

»... um seines Namens willen ...« Die sechste Perle ist ebenfalls golden. Ich nenne sie die »Jesus-Perle«. Ich weiß, Gott ist treu. Durch Jesus können wir Gott ansprechen.

»Und ob ich schon wanderte im finstern Tal ...« Entsprechend ist die siebte Perle schwarz.

Und doch *»fürchte ich kein Unglück; denn du bist bei mir«*. Die achte Perle ist die dritte goldene Perle in der Kette. Sie steht für den Heiligen Geist. Jesus hat uns einen Tröster versprochen, der bei uns sein wird.

Bisher schilderte der Psalmist die guten Taten Gottes in der dritten Person: »Er weidet ... er führt ... er erquickt ...« Jetzt spricht er seinen Schöpfer vertrauensvoll direkt an: »Du, Gott.« Nun wird der Psalm ein Gebet. Dieses Schema ist für mich ein hilfreiches Vorbild, das mir vor Augen führt, dass ich gerade in meiner Not Gott duzen kann.

»*Dein Stecken und Stab trösten mich.*« Das Kreuz an der Kette steht für »Stecken und Stab«. Ich weiß, Jesus leidet mit mir und für mich.

»*Du bereitest vor mir einen Tisch im Angesicht meiner Feinde. Du salbst mein Haupt mit Öl und schenkst mir voll ein.*« Die neunte Perle ist violett. Diese Farbe steht für die Krisenzeiten unseres Lebens, in denen uns das Abendmahl und persönliche Segnung stärken.

»*Gutes und Barmherzigkeit werden mir folgen mein Leben lang.*« Die rote Perle weist auf die bedingungslose Liebe Gottes hin, und sie erinnert uns daran, dass wir aufgerufen sind, die uns erwiesene Liebe an andere weiterzugeben.

»*Und ich werde bleiben im Haus des Herrn immerdar.*« Die blaue Schlussperle verspricht ewiges Leben und Seligkeit, die jetzt schon beginnen.

Mein Hirte

REGINE HAYER

Jesus, mein guter Hirte.
Du siehst die Unruhe in mir.
Du weißt um die vielen Gedanken,
die ich mir mache in dieser besonderen Zeit.

Du weißt um die Ängste, die sich aufbauen,
manche real, manche unbestimmt und nicht zu fassen.
Alles dreht sich im Kopf. Das Gedankenkarussell nimmt
Fahrt auf und lässt sich schwer bremsen.

Du bist doch mein guter Hirte.
Du sorgst doch für mich.
Du möchtest doch, dass ich ruhig sein kann,
dass ich lagern kann, mich ausruhen und
entspannen.
Du hast doch alles in der Hand.
Du schützt mich und hältst Wache.
Nichts soll mir schaden.

Mein Hirte, lass mir dessen aufs Neue gewiss sein.
Ja, lass mich ganz neu die Wahrheit erleben,

dass niemand und nichts mich aus deiner Hand reißen
kann.

Denn du, mein Hirte, hast es versprochen.
Danke dafür.

Unser Problem mit der Ruhe

SEFORA NELSON

Ich liebe meinen Schlaf und brauche zwischen acht und neun Stunden pro Nacht, damit es mir richtig gutgeht und auch meine Mitmenschen Freude an mir haben. Und ab und zu packe ich noch einen Mittagschlaf oben drauf. Zum Glück kann ich im Tourbus und in Hotelbetten schlafen, sonst würde ich diese Arbeit als tourende Künstlerin nicht lange durchhalten.

Während mein Mann Keith zum Entspannen noch einen Film schaut und Freundinnen abends noch ausgehen, geht Sefora schlafen. Langweilig, ich weiß. Aber für mich ist Schlafen Luxus, ein Genuss. Ausgeschlafen kann ich arbeiten, leben, lieben und glücklich sein.

Aber mit dem aktiven Zur-Ruhe-Kommen ist es für mich trotzdem nicht so einfach. Das zeigte sich gerade vor ein paar Tagen.

Ich habe seit Monaten das Gefühl, dass meine Stimme nicht in Topform ist. Sie klingt irgendwie hauchiger, rauer und bricht in der Mittellage ab. Irgendwie ist sie nicht mehr klar und leicht, eher schwer und mühsam.

Als ich dann endlich beim Phoniater (Facharzt für die Stimme) saß, schaute der sich die Stimmbänder beim Singen genau mit der Kamera an und sagte dann mit besorgtem Blick: »Sieht nicht gut aus, sieht gar nicht gut aus.«

Etwas erschrocken über sein Statement fragte ich ihn: »Im Ernst? Und nun? Was kann ich denn tun?« Ich dachte bei meiner Frage schon weiter und war gespannt auf seinen fachkundigen Vorschlag. Vielleicht eine neue Therapieform oder ein neues, pflanzliches Medikament. Das Bett am Kopfende etwas höher stellen oder vielleicht einen Luftbefeuchter mit auf Tour nehmen? Ganz sicher wäre eine Art sanfter Ausdauersport und eine stimmfreundliche Diät zu empfehlen ...

»Also, ich würde sagen, ein paar Monate die Klappe halten«, sagte der Arzt nüchtern und gleichzeitig fast lächelnd, so als ahnte er, dass ich mich an eine solche Verordnung ohnehin nicht halten würde.

»Sie meinen, nicht singen, nicht sprechen?«, fragte ich mit weit aufgerissenen Augen. Ich traute meinen Ohren nicht.

Moment! Da hat er sicher ein paar Optionen vergessen. Da gibt es doch eine neue Therapie, von der ich kürzliche von einer Logopädin gehört habe. Eine, bei der mit elektrischen Impulsen gearbeitet wird. Ich könnte mir auch vorstellen, auf Schokolade zu verzichten. Das habe ich zwar noch nie lange durchgehalten, aber ich würde es probieren. Wenn's vom Arzt verordnet wird, muss man sich dran halten, ja. Aber still sein? Nichts sagen, nicht singen?

Sofort schossen mir weitere Fragen durch den Kopf: Was ist mit den Konzerten, die anstehen? Könnte ich es übers Herz bringen, die alle abzusagen?

Denn mit meinem Musikerdasein sichern wir als Familie unser Einkommen. Auf diese Weise können wir mehr oder weniger in einem Jahr verdienen. Das Weniger ist es, was mir nun Sorgen macht.

Nichts tun würde bedeuten, komplett darauf zu vertrauen, dass wir es trotzdem irgendwie schaffen. Dass unser Hirte uns versorgt, wenn wir es nicht mehr können. Das Keith vielleicht wieder arbeiten geht und wir alles umstrukturieren … Vertrauen.

Ist das der Kern unseres Problems mit der Ruhe? Wollen wir deshalb nicht gelagert werden auf grünen Auen und zu stillen Wassern geführt werden?

Kann ich mich zur Ruhe legen, wenn er mich lagern will? Kann ich ihm vertrauen, dass mir nicht mangeln wird?

Warum sind wir so getrieben? Warum ist uns komplette Ruhe so unheimlich? Warum fühlen wir uns fast schon schuldig, wenn wir uns mal ausruhen? Weshalb gestehen wir uns das nur zu, wenn wir krank sind und es nicht mehr anders geht? Was genau ist unser Problem mit der Ruhe?

Den meisten von uns fällt es eher schwer zu ruhen. So wie den Schafen. Eine der größten Herausforderungen für einen Hirten ist es, die Schafe dazu zu bringen, sich hinzulegen. Aus irgendwelchen Gründen haben sie es nicht leicht damit, sich lagern zu lassen. Auch wir ruhen nicht automatisch, wenn uns der Hirte zu saftig grünen Wiesen führt und sagt: »Schau mal, hier darfst du dich ausruhen.« Die Herausforderung besteht darin, dass wir nun *aktiv* werden müssen. Das Ausruhen kann niemand für uns übernehmen, nicht einmal der gute Hirte. Das müssen wir schon selbst. Er gibt uns nur den geeigneten Rahmen, den Raum und die Zeit. Ruhen ist eben nicht Nichtstun, sondern etwas Aktives, Heiliges.

Als die Schöpfung vollendet war, ruhte Gott. Sicher war er nicht müde, sodass er es für notwendig hielt auszuruhen. »Langweilig wirds einem nie, man findet ja immer was zu tun«, pflegen sich die fleißigen, aufopfernden Hausfrauen gegenseitig beim Fensterputzen zuzurufen. Aber der Schöpfer der Welt tat einen Tag lang nichts dergleichen. Man kann aber auch nicht sagen, dass er *nichts* tat. Er ruhte.

Die Sache mit der Ruhe war Gott so wichtig, dass eines der Zehn Gebote eine Ruheverordnung wurde. Eine Verordnung, einen Tag in der Woche zu halten, an dem man nicht arbeitet.

»Gedenke des Sabbattages, ihn zu heiligen. Sechs Tage sollst du arbeiten und all dein Werk tun; aber der siebte Tag ist Sabbat dem Herrn, deinem Gott.
2. Mose 20,8

Wieso schaffen wir es nicht zu ruhen? Als guter Hirte wusste David, dass die Schafe seines Vaters nur gesund bleiben würden, wenn er sie weiden würde und sie ausruhen dürfen.

Hand aufs Herz: Liegen nicht viele der Probleme in unserer heutigen Gesellschaft an unserem Mangel an Ruhe? (...) Wir müssen erreichbar sein, wenn wir erfolgreich sein wollen, und zwar immer, zu jeder Tages- und Nachtzeit, auch am Wochenende. Alles muss fix gehen: im Restaurant, beim Einkaufen, beim Essenkochen. Wir wollen das Maximum aus unserem Tag rausholen – und bleiben am Ende dabei selbst auf der Strecke.

Wir müssen sie uns wieder holen, die Ruhe! Eigentlich ist das nicht so schwer. Das, was uns zurückhält, uns Ruhe zu gönnen und zu genießen, ist sicher mangelndes Vertrauen. Wir messen der Stille keinen hohen Stellenwert mehr zu. Wir denken, wie wüssten es besser als der Schöpfer selbst, der uns Ruhe vorgelebt und uns sogar verordnet hat. Eigentlich fatal, dass wir oft denken, wir hätten unerschöpfliche Ressourcen. Aber die Energie, das, was wir uns so sehr wünschen, können wir nicht selbst produzieren. Sie kommt von Gott. Sie wird uns in der Ruhe geschenkt.

Komm! Werde still vor mir
und mach dir bewusst, dass ich
dein Gott bin.

NACH PSALM 46,11

Psalm 23 einmal anders

TOKI HIYESNEWI

Der Herr gibt mir das Arbeitstempo an.
Ich brauche nicht zu hetzen.
Er verschafft mir immer wieder einige ruhige Minuten,
eine Atempause,
wo ich zu mir kommen kann.
Er stellt mir beruhigende Bilder vor die Seele,
die mir wieder und wieder zur Gelassenheit verhelfen.
Oft lässt er mir die Dinge ganz mühelos gelingen,
und ich kann erstaunlich getrost sein.
Ich merke: Wenn man sich diesem Herrn anvertraut,
bleibt das Herz ganz ruhig.
Obwohl ich eine Überfülle an täglichen Verpflichtungen
habe,
so brauche ich doch nicht nervös dabei zu werden.
Seine stille Gegenwart befreit mich von aller Nervosität.
Weil er über aller Zeit und über allen Dingen steht,
verliert alles andere an Gewicht.
Oft – mitten im Gedränge – gibt er mir ein ermutigendes
Erlebnis.
Das ist, als ob einer mir eine Erfrischung darreicht.

Freude erfüllt mein Herz, und eine tiefe Geborgenheit
umfängt mich.
Ich spüre, wie mir daraus eine Tatkraft förmlich
zuströmt,
und es ist mir klar geworden, dass,
wenn ich so mein Tagwerk ansehe,
eine große Ausgeglichenheit erwächst
und Gelingen mir geschenkt wird.
Darüber hinaus macht es mich einfach froh zu wissen,
dass ich meinem Herrn auf der Spur bin
und dass ich allezeit bei ihm daheim sein darf.

»Halt durch! Ich bin bei dir, ich stärke dich!«

MARIA KRAUSE

Freitag, 4. Mai 2012

5.45 Uhr – der Wecker klingelt. Es ist ganz still draußen. Ich freue mich, denn momentan ist in Äthiopien Regenzeit. Da ist es schwierig, eine Zeit abzupassen, um am Morgen joggen zu gehen. Heute jedoch weckt mich nicht das laute Trommeln der Regentropfen auf dem Blechdach. Das heißt: Die Bedingungen für einen Lauf sind gut. Halleluja!

Sonntag, 20. Mai 2012

Es regnet. Der Himmel verdunkelt sich. Dicke Wolken ziehen über die nahen Berge und entleeren sich in dem kleinen Tal, in dem Mizan Teferi liegt. Als hätte der Himmel seine Schleusen geöffnet. Es regnet und regnet und regnet immer mehr. Dann kommt das Licht. Es bricht durch die Dunkelheit und erhellt die grünen Berge, kleidet sie in strahlende und leuchtende Farben. In diesem Moment, sagen die Äthiopier, gebiert ein Tiger ein Junges. Es entsteht Leben. Regen bringt Leben – Leben bringt Segen.

Zwischen grünen und leuchtenden Bergen im Südwesten Äthiopiens liegt mein kleiner Einsatzort. Hier arbeite ich für *Wycliff* – ein Werk, das sich im Bereich Bibelübersetzung und Sprachforschung engagiert. Meine Aufgaben liegen allerdings nicht im Bereich Sprachforschung, sondern in der Schulbildung, die ebenfalls zu den Arbeitsbereichen des Werkes gehört.

Es gibt etwa 85 verschiedene Sprachen in Äthiopien. Bisher wurde der Unterricht hauptsächlich in der Landessprache Amharisch erteilt. Da viele Kinder, die in die Grundschule kommen, diese Sprache jedoch nicht beherrschen, soll der Unterricht jetzt verstärkt in all den verschiedenen Muttersprachen stattfinden. Dafür werden natürlich Lehrmaterialien gebraucht. Übersetzer gibt es, aber nicht genug Menschen, die sich mit der Buchherstellung auskennen. Gleiches gilt für die bei uns gängigen Computerprogramme, mit denen man auf einfache Weise ein gutes Lehrbuch herstellen kann. Für diesen Job wurde nun an meinem Einsatzort ein Freiwilliger gesucht.

Meine Aufgabe ist es, das Layout der übersetzten Lehrmaterialien zu strukturieren und anschließend meine äthiopischen Kollegen im Umgang mit dem Programm »Word« zu trainieren. Mir fällt auf, wie dieser Aufgabenbereich ein ziemlich genaues Bild davon zeichnet, wie Gott hier in Äthiopien in meinem Leben wirkt:

Im Microsoft-Programm »Word« gibt es in der Menüleiste ein Absatzsymbol. Wenn man dort draufklickt, erscheinen im Textdokument alle verborgenen Zeichen, und man erkennt sofort, wo die Fehler sind.

Ein Beispiel: Oft fügen Leute viele Leerzeichen ein, um eine Überschrift mittig über einen Textblock zu setzen, weil sie nicht wissen, dass es die Funktion »den Text zentrieren« gibt. In meinem Leben ist es Gott, der auf das Absatzsymbol klickt und mir damit die Augen für verborgene Zeichen öffnet. Das können zum Beispiel Lügen sein, wie zum Beispiel: »Meine Leistung definiert meinen Wert als Mensch« oder: »Gottes Liebe muss ich mir verdienen«. Das glaube ich entweder aus Unwissenheit oder weil die Wahrheit so einfach klingt und gleichzeitig schwer zu begreifen ist. Aber Gott bringt Licht in das Dunkel. Er löscht falsche Motivation und falschen Ehrgeiz aus meinem »Lebenstext«. Er erklärt mir nicht nur, wie ich »Viren«, also Lügen und andere negative Haltungen, in meinem Leben bekämpfen kann, sondern auch, welche »Software« mir dabei hilft, sie auf Dauer abzuwehren.

Dienstag, 29. Mai 2012

Hin und wieder ertappe ich mich dabei, dass ich mein Licht unter den Scheffel stelle. Ich beginne mich zu fragen, warum ich das tue, und darf jetzt erkennen: Ich gebe mir durch diese Haltung die Möglichkeit, Verantwortung abzugeben. Ich nehme mir das Recht, mich nicht ändern zu müssen. Das zu erkennen, ist nicht einfach. Es kommt aber noch dicker: Ich merke auch, dass das mit einem gewissen Stolz zusammenhängt. Ich will lieber keine Verantwortung übernehmen, weil ich Angst habe, etwas falsch oder schlecht zu machen. Es könnte ja jemand sagen, ich hätte meine Aufgabe nicht gut erfüllt. Ich möchte aber doch alles möglichst gut, wenn nicht sogar perfekt machen. Das versuche ich im Grunde deshalb, um Anerkennung und Gefallen bei anderen zu finden. Diese Anerkennung versuche ich auch bei Gott zu gewinnen – ich möchte mir seine Liebe durch gute Werke verdienen.

Ich stelle fest, dass dieses Leistungsdenken unter anderem ein Grund war, warum ich überhaupt nach Äthiopien gegangen bin. Ich möchte ein guter Christ sein, der ein Vorbild für andere ist. Ich wäre gern eine (Glaubens-)-Heldin, die immer stark ist, denn Schwäche war in meinen Augen immer ein Zeichen des Unglaubens. In diesem Sinne dachte ich bisher auch, dass ich jemand bin, dem es leichtfällt, auf bestimmte Dinge zu verzichten. Aber wenn ich ehrlich bin, dann mag ich es ganz und gar nicht, wenn es keinen Strom und keine Internetverbindung gibt. Ich mag es nicht, wenn es kein Wasser gibt oder Flöhe und Bettwanzen auf meinem Bett tanzen und Ratten durchs Haus flitzen. Es geht mir das Messer in der Tasche auf, wenn mich niemand versteht und ich mich nicht richtig ausdrücken kann. Da komme ich mir doch echt blöd vor!

In Äthiopien werde ich nun mit meinen eigenen zu hohen Erwartungen ans Christsein konfrontiert und merke, dass ich diese Erwartungen nie erfüllen kann. Ich erkenne meine Schwächen. Was ich bisher versucht habe, war, mir den Weg in Gottes Reich selbst zu erarbeiten. Damit aber rannte und renne ich geradewegs am Kreuz vorbei. Mir fällt es schwer, Gottes Liebe anzunehmen, weil ich glaube, sie nicht verdient zu haben. Wahrscheinlich habe ich diese Liebe Gottes auch nicht verdient, aber ich glaube, jetzt verstanden zu haben, dass Gott der Meinung ist, jeder Einzelne sei dieser Liebe wert.

Ich muss ehrlich sagen: In der Theorie ist diese Liebe vielleicht logisch, aber ich check's einfach nicht. Ich verstehe diese Liebe nicht, ich verstehe die Gnade nicht. Was soll ich mit all den Informationen über mich selber? Wie kann ich mich ändern? Wo beginnt meine Verantwortung, wo hört meine Verantwortung auf? Wo beginnt Gottes Verantwortung? Mit all den Fragen liege ich Gott in den Ohren. Ich will es wissen, und zwar genau.

Mittwoch, 8. August 2012

Es ist Morgen – wieder gehe ich laufen. Weil es hier sehr bergig ist, verlässt mich irgendwann die Kraft. Ich habe keine Lust mehr und möchte aufhören. Plötzlich taucht ein Mann vor mir auf und sagt »Eisosch«. Das ist Amharisch und bedeutet: »Halte durch!« Noch verwirrt von dieser freundlichen Ermutigung merke ich, wie ich neue Kraft bekomme. Wahrscheinlich ist das so: Es ist meine Aufgabe zu gehen. Im Gehen wird Gott stark in mir. Er kommt mir auf dem Berg entgegen, um zu sagen: »Halte durch! Ich bin bei dir, ich stärke dich!«

Nach der Mittagspause wartet ein kleiner Layout-Workshop auf mich, den ich halten werde. Jedes Mal, bevor ich so etwas starte, bekomme ich Angst. Ob ich den Erwartungen genügen werde, ob ich das Wissen ums Layouten und die Anwendung des Computerprogramms verständlich genug erklären kann? Aber während so eines Workshops und auch hinterher wird mir immer wieder bewusst, dass es nicht um mich geht. Nicht ich soll für Gott arbeiten, sondern er möchte durch mich arbeiten. Und während ich den Workshop leite, beobachte ich meine Schüler, wie sie begeistert werden von den neuen Erkenntnissen, wie sie Dinge ausprobieren, aufschreiben und nachfragen. Während ich also arbeite, sorgt Gott für die Umsetzung.

Am Abend verlasse ich mit meinen äthiopischen Kollegen das Büro und wir laufen den Berg hinunter in den Ort. Da kommt uns ein Hirte mit einer Herde Ziegen und Schafe entgegen. Ein kleines Lamm trägt er auf seinen Schultern. Ich denke mir: Gott ist derjenige, der uns auf seinen Schultern trägt, wenn es den Berg hinaufgeht. In unserer Schwachheit hat er die Möglichkeit, seine Stärke zu offenbaren. Das motiviert mich und mit Blick auf all die grünen Berge und Herausforderungen um mich herum gehe ich schneller, leichter, fröhlicher und hoffnungsvoller weiter.

Noch immer weiß ich nicht ganz genau, was es mit der Liebe und der Gnade im Detail auf sich hat. Ich habe nur eine ungefähre Ahnung. Auf jeden Fall weiß ich, dass ich es nur im Gehen erfahren werde, zu Gottes Zeit, auf seine Weise. Stück für Stück darf ich verstehen. Oder wie die Äthiopier sagen: »Schritt für Schritt fängt das Ei an zu laufen.« Schritt für Schritt möchte ich meinen falschen Ehrgeiz loswerden. Schritt für Schritt möchte ich Gnade erfahren, Schritt für Schritt meinen Fokus auf sein Reich lenken. Gott bringt Licht in das Dunkel, er durchbricht die Nacht und ist der Erste, der am Morgen zu mir spricht.

Ich habe gelernt, dass Glaube bedeutet,
im Voraus auf etwas zu vertrauen,
das erst im Nachhinein Sinn ergibt.

PHILIPP YANCEY

Eine Frage an den Schafhirten David

SEFORA NELSON

Stellen Sie sich vor, man könnte David einfach mal interviewen ...

»David, du schreibst davon, von Güte und Huld geradezu verfolgt werden. Kannst du das erklären? Wieso bist du dir so sicher, was deine Zukunft angeht? Deine Vergangenheit war ja bekanntlich nicht so rosig. Hast du diese Zeit verdrängt?«

Vielleicht hätte David in etwa Folgendes geantwortet:

Schön, dass Sie fragen. Ich liebe es, davon zu reden, zu singen und schreiben, wie gütig Gott, mein Hirte, ist. Das Morgen ist vor ihm nicht verborgen.

Aber er kennt auch meine Vergangenheit. Oft haben wir es so eilig, vorwärtszugehen, und möchten uns nicht gerne an das erinnern, was hinter uns liegt. Wir wollen nach vorn schauen, weiterkommen. Dabei vergessen wir oft, dass wir die Vergangenheit noch im Gepäck haben und dass sie immer noch etwas mit uns macht. Doch auch da ist Gott gegenwärtig. Der Herr ist hinter mir. Auch meine Vergangenheit hat er im Blick.

Als ich noch die Schafe meines Vaters hütete, musste ich manche Schafe, die ihren eigenen Kopf hatten und überzeugt davon waren, sie wüssten besser als ich, hinterherrennen und sie mit meinem Stab davon zurückhalten, den Felsen hinunterzufallen. Sie rannten voller Elan genau auf den Abgrund zu, und wussten gar nicht, dass ich hinter ihnen war und sie in letzter Sekunde vor dem sicheren Tod rettete! Ich meinte es gut mit den Schafen. Und ich meine es auch jetzt als König gut mit meinem Volk. Ich habe Gutes für die Menschen im Sinn, wenn ich ihnen Rückendeckung gebe. Wie viel mehr wird dann also der Herr, mein Hirte, mir Rückendeckung geben?

Ich habe es mir zur Angewohnheit gemacht, ihn mutig zu bitten, meine Dunkelheit hell zu machen. Mein Herz zu erforschen. Vielleicht ist mein Herz oder sind meine Gedanken ja einen Weg gegangen, der zu Schmerzen führen wird?

Ja, manche finden es mutig, so zu beten, denn es könnte ja sein, dass man etwas sehr Unschönes in seinem Leben findet, und sich dann gezwungen sieht, einen idyllisch aussehenden Weg nicht weiterzugehen, sondern umzukehren. Doch Gott ist Güte und Huld in Person, und er steht hinter mir – sieht aber auch den Abgrund, auf den ich möglicherweise zulaufe. Da habe ich doch nur zu gewinnen! Wenn meine Seele entmutigt ist, spreche ich mit ihr und richte sie wieder auf den guten Hirten aus; ich sage dann zu ihr: »Harre auf Gott!«

Du salbst mein Haupt
mit Öl

W. Phillip Keller

Es ist Sommer. Die Herde grast friedlich, das Futter auf den Weiden ist nahrhaft und saftig. Die Schafe haben einen engen, persönlichen Kontakt zu ihrem Hirten. Und doch ist die Sommerzeit auch eine »Fliegenzeit«. Dieser Ausdruck bezieht sich auf die Schwärme von Insekten, die mit dem warmen Wetter auftreten. Nur wer wie ich selbst schon Vieh gezüchtet oder das Leben der Tiere in der freien Natur beobachtet hat, kann ermessen, welche Probleme durch Insekten im Sommer für die Tiere entstehen können.

Ich will nur einige wenige Insekten, die den Schafen das Leben schwer machen, beim Namen nennen. Da gibt es zum Beispiel Bremsen, Dasselfliegen, Kriebelmücken, Stechmücken und noch viele andere winzige, geflügelte Parasiten. Sie alle vermehren sich in dieser Jahreszeit sprunghaft. Wenn sie die Schafe attackieren, können die goldenen Sommermonate leicht zur Qual werden. Sie können die Schafe sogar an den Rand des Wahnsinns treiben.

Schafe werden besonders von der Nasen- oder Nasalfliege geplagt. Diese kleinen Fliegen summen dem Schaf um den Kopf herum und versuchen, ihre Eier in die feuchte Schleimhaut der Nase zu legen. Haben sie damit Erfolg, schlüpfen in wenigen Tagen kleine, dünne, wurmartige Larven aus. Über die Atemwege dringen diese Würmer in den Kopf des Schafes vor. Dort setzen sie sich im Fleisch fest und verursachen einen heftigen Schmerz, der von einer schweren Entzündung begleitet wird.

In ihrer Qual rennen die Schafe mit dem Kopf gegen Bäume, Steine, Pfosten oder Buschwerk. Sie scheuern ihren Kopf am Erdboden und schlagen im Gehölz wie wild um sich. In extremen Fällen wird sich ein Schaf sogar in den Tod stürzen, nur um von seiner Qual erlöst zu werden.

Wenn deshalb Fliegen die Herde umsummen, geraten manche Schafe in panische Angst. Sie laufen in kopfloser Flucht davon und versuchen, auf diese Weise den Quälgeistern zu entkommen. Manche stampfen wild mit den Füßen, rennen von einem Ende der Weide zum andern und versuchen verzweifelt, die Fliegen abzuschütteln. Einige laufen so lange, bis sie vor Erschöpfung zusammenbrechen.

Diese Aufregungen und Ängste haben verheerende Folgen für die ganze Herde. Bei Lämmern und Muttertieren lässt bald der Gesundheitszustand zu wünschen übrig. Außerdem verlieren sie an Gewicht. Die Muttertiere können nicht mehr genug Milch produzieren und die Lämmer nehmen nicht mehr zu. Einige Schafe verletzen sich bei ihrer kopflosen, panikartigen Flucht, andere erblinden, wieder andere gehen sogar ein.

Nur durch größte Aufmerksamkeit und genaue Beobachtung seiner Herde kann der Hirte der Fliegenplage vorbeugen. Bei den ersten Anzeichen dafür, dass die mörderischen Fliegen kommen, muss er die Köpfe der Tiere mit einem Abwehrmittel einreiben. Ich habe immer ein Hausmittel bevorzugt, das sich aus Leinöl, Schwefel und Teer zusammensetzt. Damit habe ich den Schafen den Kopf und die Nase eingerieben, um sie vor den Nasen-Fliegen zu schützen.

Welch unglaubliche Verwandlung rief diese Behandlung bei den Schafen hervor! Kaum hatte ich die Salbe aufgetragen, zeigte sich augenblicklich ein Wandel in ihrem Verhalten. Angst, Raserei, Reizbarkeit und Ruhelosigkeit waren wie weggeblasen. Die Schafe begannen wieder ruhig zu fressen und legten sich bald zufrieden ins Gras.

Das ist ein genaues Bild im Blick auf meine eigene Reizbarkeit. Wie oft sind es gerade unbedeutende Kleinigkeiten, die meinen Frieden stören. Der Ärger über solche Kleinigkeiten kann mich zuweilen so weit treiben, dass ich die Wände hochgehen könnte. Solche Wutanfälle sind beschämend und eines Kindes Gottes unwürdig.

Wie bei den Schafen, so muss auch bei mir wiederholt, ja ununterbrochen ein Abwehrmittel angewandt werden, um die Quälgeister abzuwehren. Nur durch die fortwährende Salbung mit dem Heiligen Geist können Charakterschwächen überwunden werden. Bei den Schafen reichte die einmalige Anwendung der von mir hergestellten Salbe auch nicht für den ganzen Sommer aus. Es war ein Verfahren, das öfter wiederholt werden musste. Bei jeder neuen Anwendung entfaltete das Mittel neu seine Wirkungskraft.

Manche Menschen behaupten, eine einmalige Salbung mit dem Geist Gottes sei für das Leben des Christen ausreichend. Doch unser häufiges Versagen in der Hitze des Alltags beweist, dass der Christ darauf angewiesen ist, dass der Heilige Geist ständig sein geplagtes Herz und Gemüt tröstet und stärkt, um den Angriffen der Quälgeister gewachsen zu sein.

Diese Ausrüstung mit dem Heiligen Geist ist eine persönliche Angelegenheit zwischen mir und meinem Herrn. In Lukas 11,13 drängt uns Jesus selbst, den Heiligen Geist vom Vater zu erbitten. Das Verlangen danach, dass unser Geist täglich eine neue Salbung durch den Geist Gottes empfängt, ist deshalb folgerichtig und berechtigt.

Gott allein kann uns die richtige Gesinnung schenken. Er allein kann uns die Kraft geben, mit Ärger und Verdruss richtig umzugehen.

Manchmal wollen uns Menschen und Umstände, auf die wir keinen Einfluss haben, »auf die Palme« bringen. Dennoch ist es möglich, heiter und gelassen zu bleiben, solange den von außen auf uns einwirkenden Mächten durch die Gegenwart des Heiligen Geistes entgegengewirkt wird. In Römer 8,1-2 wird uns klipp und klar gesagt, dass das Gesetz des Geistes uns vom Gesetz der Sünde und des Todes frei macht.

Gerade diese tägliche Salbung mit dem Heiligen Geist bringt in meinem Leben Charaktereigenschaften wie Freude, Zufriedenheit, Liebe, Sanftmut und Frieden hervor. Leider sucht man jedoch bei vielen Kindern Gottes diese Eigenschaften vergeblich. Ihr geistliches Leben wird durch Launenhaftigkeit, Bitterkeit und Reizbarkeit gelähmt.

Bei jedem gegebenen Anlass trete ich vor meinen Herrn und Meister Jesus Christus, breite alles vor ihm aus und sage ganz einfach: »Herr, ich kann mit diesen Schwierigkeiten nicht fertig werden. Ich rege mich auf und ärgere mich. Bitte gieße das Öl deines Geistes auf mein Gemüt. Nimm mein Bewusstsein und Unterbewusstsein ganz unter deine Herrschaft, damit ich so reagiere und handle, wie du es von mir erwartest.« Das wird er dann auch tun. Sie werden überrascht sein, wie rasch er eine ernst gemeinte Bitte erfüllt!

Der Herr ist mein getreuer Hirt

Der Herr ist mein getreuer Hirt,
hält mich in seiner Hute,
darin mir gar nicht mangeln wird
jemals an einem Gute.
Er weidet mich ohn Unterlass,
da aufwächst das wohlschmeckend Gras
seines heilsamen Wortes.
Ob ich wandert im finstern Tal,
fürcht ich doch kein Unglücke
in Leid, Verfolgung und Trübsal
in dieser Welte Tücke:
Denn du bist bei mir stetiglich,
dein Stab und Stecken trösten mich,
auf dein Wort ich mich lasse.

»Der Herr ist mein getreuer Hirt« ist eine Kirchenkantate von Johann Sebastian Bach. Auszug aus dem Lied, Strophe 1 und 3.

Das kranke Schaf und seine Bedeutung

SILVIA HILLI WEBER

»Wiebi hat Krebs.« Die Nachricht traf mich wie ein Schlag. *Was? Wiebi? Ich weiß, dass Krebserkrankungen in ihrer Familie keine Seltenheit sind. Aber jetzt auch sie? Sie ist doch genau so alt wie ich, noch keine 30.*

Das waren meine ersten Gedanken, als ich erfuhr, dass meine Freundin schwer krank ist. Ich machte mir große Sorgen und überlegte, wie man jetzt am besten mit ihr umgehen sollte. Doch Wiebi verblüffte uns alle und brachte uns bei, wie offen und locker man mit so einem Thema umgehen kann. Wie sie immer mal durchblicken lässt, hat sie natürlich auch schlechte Momente, in denen sie nicht so gut mit ihrer Situation klarkommt. Doch im Allgemeinen ist Wiebi für uns alle (Freunde, Familie, Gemeinde, Arbeitskollegen …) ein großes Vorbild!

Da sie wusste, dass man durch eine Chemotherapie seine Haare verliert, hat Wiebi sie lieber gleich abrasieren lassen. In dieser Beziehung ist sie wirklich cool! Sie suchte sich hübsche Stoffe für Kopftücher aus, als ginge es um neue Klamotten. Sie öffnete ihre Wohnungstür ohne

Kopfbedeckung, ohne zu wissen, wer geklingelt hatte. Sie wollte anfangs auf eine Perücke verzichten und kaufte Mützen wie andere Schmuck. Seit ihre Haare nach der Chemotherapie wieder zu wachsen anfangen, läuft Wiebi mit ihrer Kurzhaarfrisur herum, als hätte sie schon immer eine gehabt. Und ihre Rehaklinik suchte sie so sorgfältig und mit so großer Vorfreude aus, als ginge es um einen netten Urlaub.

Für mich war es sehr erschreckend, welche heftigen Nebenwirkungen solche Chemotherapien haben. Doch Wiebi erträgt alles und weiß sich von Gott begleitet. Sie ist dankbar für ihr bisheriges Leben, auch falls es das jetzt gewesen sein sollte. Ich weiß nicht, wie ich mit so einer Krankheit fertigwerden würde. Das weiß wohl keiner vorher. Aber Wiebi ist auf jeden Fall unglaublich stark! Ihr ist bewusst, dass ihre Krankheit nicht heilbar ist, und dennoch kämpft und lebt sie tapfer weiter.

Mir wurde durch diesen furchtbaren Lebenseinschnitt erst bewusst, wie wichtig mir Wiebi ist und was mir ihre Freundschaft bedeutet. Dadurch haben wir auch wieder einen intensiveren Kontakt bekommen, der mir sehr wertvoll geworden ist.

Als ich wieder mal überlegte, womit ich Wiebi eine Freude bereiten könnte, fiel mir etwas ein: Wiebis Gottvertrauen hat mich einfach inspiriert, und ich wollte zum Ausdruck bringen, wie sehr ich sie für ihre Tapferkeit bewundere. Deshalb habe ich die folgende Geschichte für sie (und über sie) geschrieben.

Das kranke Schaf

Locke war krank. Das kleine Schaf fühlte sich ganz schlapp und musste sich viel ausruhen. Deshalb war es die meiste Zeit im Schafstall und ging nur noch selten mit den anderen Schafen nach draußen auf die Weide. Doch Locke bekam oft Besuch von seinen Freunden. Darüber freute er sich sehr.

Anfangs fragten die Schafe: »Locke, bist du krank? Was hast du denn?«

»Och«, mähte Locke. »Das weiß ich auch nicht so genau.«

Die anderen waren erschrocken: »Aber du wirst doch wieder gesund?«

Das kleine Schaf lächelte: »Keine Ahnung, aber mein Bauer weiß genau Bescheid. Er kümmert sich um alles.«

Lockes Freunde machten sich große Sorgen, aber sie wussten auch, dass das kleine Schaf bei dem Bauern in den besten Händen war.

Locke bekam viel Medizin gegen die Krankheit. Er musste Tabletten schlucken und manchmal wurde er sogar mit Spritzen gepikst.

»Tut das doll weh?«, fragten dann die anderen.

»Es geht«, antwortete Locke. »Es pikst ja nur ganz kurz und mein Bauer ist ganz vorsichtig. Er bringt mir dann extra frisches Gras mit. Das schmeckt lecker!«

Die Schafe waren sich einig, dass Locke ganz schön tapfer war.

Allerdings wurde dem kleinen Schaf von den Tabletten sehr übel. Er konnte dann kaum essen und lag nur noch im Stroh. Deshalb kuschelte sich Lockes Mama nachts ganz dicht an ihr Kind, um es zu trösten.

Seine Freunde hingegen schüttelten den Kopf: »Musst du die komischen Tabletten denn nehmen?«

Das kleine Schaf nickte schwach. »Mein Bauer sagt, die helfen mir.«

»Du Armer«, blökten die anderen mitleidig.

Doch Locke schwärmte: »Er streichelt mich dann immer ganz lange. Das tut gut. Ich mach einfach die Augen zu und genieße, dass er bei mir ist.«

Es war auch ganz schön langweilig für Locke, immer im Stall zu sein. Besonders wenn es ihm etwas besser ging und er kaum noch merkte, dass er krank war. Einmal erzählte er seinen Freunden aufgeregt: »Wenn es mir morgen auch noch so gut geht, darf ich mit nach draußen. Mein Bauer meinte zwar, ich könnte mich sehr leicht erkälten, aber ich freu mich so darauf!«

Auch die anderen Schafe freuten sich, ihren kleinen Freund mal wieder auf der Weide dabeizuhaben.

Tatsächlich durfte Locke am nächsten Tag mit nach draußen. Doch obwohl es nur für kurze Zeit war, fühlte er sich danach besonders schwach. Der Bauer beschloss, das kleine Schaf nicht so schnell wieder mit auf die Weide zu lassen. Und damit Locke im warmen Stall nicht so sehr schwitzte, wurde ihm das Fell abgeschoren.

Die Freunde waren überrascht. »Locke, du hast ja gar keine Locken mehr!«

Doch das kleine Schaf nahm auch dies gelassen: »Das wächst ja wieder nach. Außerdem hat mein Bauer mir ein schickes Tuch um den Hals gebunden. Er findet mich nämlich trotzdem hübsch!«

Die anderen Schafe fanden es irgendwie seltsam, wie Locke über den Bauern sprach. »Warum sagst du eigentlich immer ›mein Bauer‹? Er ist doch auch unser Bauer und nicht nur deiner.«

In die Augen des kleinen Schafes trat ein Strahlen und es erklärte: »Ich weiß, aber er sagt auch immer ›mein Locke‹ und ›mein kleines Schaf‹ zu mir. Er passt immer auf mich auf. Er hat immer Zeit für mich. Er weiß immer, was ich brauche. Und deshalb ist er einfach mein lieber Bauer!«

Das verstanden die Freunde und waren froh, dass ihr Bauer sich so gut um das kranke Schaf kümmerte.

Eines Tages beobachteten die anderen Schafe, wie Locke von dem Bauern aus dem Stall getragen wurde. Er hatte Locke auf seinem Arm und ging zu der grünen Wiese vor dem Schafstall. Das Gras war dort nämlich schön saftig und überall sah man Gänseblümchen. Der Bauer legte das kleine Schaf vorsichtig auf die Wiese und setzte sich daneben.

Lockes Freunde waren erleichtert, denn sie wussten, jetzt ging es dem kleinen Schaf wieder besser.

Jesus spricht: »Ich bin der gute Hirte und kenne meine Schafe und sie kennen mich« (Johannes 10,14).

Die Geschichte hat ein offenes Ende. Genau wie Wiebis Lebensgeschichte. Inzwischen hat sie die Chemotherapie und Reha hinter sich und wird langsam wieder in das

Berufsleben eingeführt. Wir wissen zwar nicht, wie es weitergeht. Wir dürfen aber darauf vertrauen, dass Gott, der gute Hirte, alles im Griff hat und Wunder tun kann!

***

Fürchte dich nicht vor dem Morgen, denn Gott ist schon da.
Autor unbekannt

Psalm 23 – ein Gespräch
mit dem Hirten

Der Herr ist mein Hirte, mir wird nichts mangeln.
Er weidet mich auf einer grünen Aue
und führet mich zum frischen Wasser.
Er erquicket meine Seele.
Er führet mich auf rechter Straße
um seines Namens willen.

Ach, Herr! Wie lange habe ich dich gesucht! Und dann bist du mir begegnet! Ich habe nach Hause gefunden. Endlich weiß ich, wohin ich gehöre. Zu dir, Herr! Ich habe mich dir anvertraut, ohne nach einer Rückversicherung zu fragen. Glücklich laufe ich hinter dir her, wie ein Schaf, das seinem Hirten folgt. Du hast die Verantwortung für mich übernommen. Ich weiß, du meinst es gut mit mir.

Du kennst meinen Namen – als ob es nur mich allein gäbe unter den Millionen, die auf dieser Welt leben. Du hörst mich, wenn ich dich rufe wie ein Lamm, das nach seiner Mutter schreit. Bei dir finde ich Entspannung und Frieden, den es sonst nirgends gibt. Es ist, als ob meine Seele aufatmet. Und weiß ich nicht, wohin, leitest du mich. Wo du bist, da ist der richtige Weg.

Und ob ich schon wanderte im finstern Tal,
fürchte ich kein Unglück; denn du bist bei mir,
dein Stecken und Stab trösten mich.
Du bereitest vor mir einen Tisch im Angesicht meiner Feinde.
Du salbest mein Haupt mit Öl und schenkest mir voll ein.
Gutes und Barmherzigkeit werden mir folgen mein
Leben lang,
und ich werde bleiben im Hause des Herrn immerdar.

Wie ein Dieb in der Nacht hat mich die Krankheit überfallen. Ganz plötzlich war sie da. Dunkelheit legte sich über mich wie eine schwarze Wolke. Aber da war deine Hand, Herr! Ich habe mich daran geklammert. Wo du bist, ist helles Licht. Ich folge dir blindlings, ohne lange darüber nachzudenken. Ich richte meinen Blick fest auf dich und spüre, wie die Angst langsam weicht.

Dein Hirtenstab leitet mich Schritt für Schritt. Täglich versorgst du mich mit allem, was ich brauche. Wer das sieht, staunt. »Wie kann es dir so gut gehen?«, fragen sie. Neid erfüllt sie. Besonders die, die dich, Herr, nicht kennen. Die gegen mich sind, weil ich für dich bin.

Du hast versprochen, dass du mich in die Ewigkeit mitnehmen wirst. Dort wird mir eine Vollkommenheit begegnen, die ich mir in meinen kühnsten Träumen nicht vorstellen kann.

Es gibt weder Leid noch Tod. Wenn ich darüber nachdenke, erscheint jedes Problem, jede Krankheit heute in einem neuen Licht. Ich will nur da sein, wo du bist, Herr. Dann geht es mir gut.

Ich fürchte mich nicht

ELISABETH MITTELSTÄDT

In Psalm 23 heißt es: »Und geht es auch durch dunkle Täler, fürchte ich mich nicht, denn du, Herr, bist bei mir. Du beschützt mich mit deinem Hirtenstab« (Vers 4; Hfa). Das heißt nicht zwangsläufig, dass er mich vor allem Leid in diesem Leben bewahren wird und dass ich schmerzfrei leben werde. Aber ich werde nicht die Hoffnung verlieren, selbst wenn ich weiter warten muss. Bei Gott – das weiß ich genau – befinde ich mich immer in einer »Win-win-Situation«. Ich kann nicht verlieren. Der Sieg kommt. Entweder hier auf der Erde oder später im Himmel.

Im Frost der Widrigkeiten
des Lebens denke an
die Güte Gottes.

CHARLES H. SPURGEON

Getröstet und getragen

JÜRGEN WERTH

Ich habe diese Geschichte schon oft erzählt. Weil sie so klassisch ist. Pfarrer Paul Deitenbeck aus Lüdenscheid musste schon früh eines seiner Kinder beerdigen. Viele in der Gemeinde hatten für seine Tochter gebetet. Vergeblich gebetet allerdings. Die Kleine war trotz allem gestorben.

Aber nur scheinbar vergeblich gebetet hatten sie. Denn da war anschließend so viel Trost. So viel Getragensein. So viel Hoffnung. Die Deitenbecks wussten bei aller abgrundtiefen Trauer ihr Kind in den Armen Gottes.

Paul Deitenbeck sagte später: »Gott wollte sich durch unsere Wunden verherrlichen. Nicht durch ein Wunder.«

Auch wenn er und seine Frau dieses Wunder so sehr herbeigesehnt hatten: Die Menschen innerhalb und außerhalb der Gemeinde staunten, wie viel Kraft und Trost der Glaube an Gott gibt. Und nicht wenige sagten: An diesen Gott möchte ich auch glauben können.

Immer wieder kann man das erleben. Da kommst du mit weichen Knien in ein Krankenzimmer. Willst trösten. Hast dir lange überlegt, was du sagen willst und wie. Aber es fällt dir nichts Gescheites ein. Und dann wirst du getröstet. Vom Kranken. Vom Sterbenden. Und gehst ermutigt nach Hause. Du hast nichts gesagt. Aber so viel Kostbares gesehen und gehört.

Da ist einer erbärmlich schwach, liegt im Sterben, muss wieder gefüttert und gepampert werden wie ein Neugeborenes, und Stärke strahlt aus allen Knopflöchern. Das ist eine Stärke, die nicht von dieser Welt ist. Es ist die Stärke des Himmels, der sich hier schon still auf der Erde niedergelassen hat im Körper und in der Seele eines Sterbenden.

Und Menschen fangen an zu staunen.

Als mein Vater nach langen schweren Jahren im Sterben lag, habe ich immer wieder von Besuchern gehört: »Ich wollte ihn trösten. Doch dann hat er mich getröstet.« Und die Ärzte staunten: »So einen freundlichen und geduldigen Patienten haben wir noch nicht gehabt.« Dabei war mein Vater alles andere als ein geduldiger Mensch gewesen.

Aber das zeigt: Du hast es nicht in der Hand, wie du dein Leben beendest. Du hast es nicht in der Hand, ob du dann noch als geduldig und freundlich wahrgenommen wirst. Du hast auch nicht in der Hand, wie du reagierst, wenn ein guter Freund stirbt. Eine gute Freundin. Oder der Vater, die Mutter. Oder gar ein Kind. Du hast es nicht in der Hand, ob du trösten kannst oder selber Trost brauchst.

Wenn du Stärke erlebst mitten in deiner Schwachheit, dann ist das in der Regel keine Stärke, die aus dir herauskommt. An der Grenze des Todes betrittst du das, was der Theologe Karl Rahner einmal »Gottes schweigende Finsternis« genannt hat. Und das macht Angst.

Aber mitten in den dunklen Tälern der Todesschatten, die Psalm 23 beschreibt, triffst du Jesus. Den gekreuzigten

Jesus. Den leidenden Gottessohn. Den Schmerzensmann. Der versteht, der mitleidet, der jedem, der leidet, unvorstellbar nahe ist. Näher, als es der nächste Angehörige je sein kann.

Immer wieder beeindruckt mich die Geschichte von der Auferweckung des Lazarus, die Johannes in Kapitel 11 seines Evangeliums erzählt. Da steht Jesus vor der Grabhöhle, in die man seinen toten Freund gelegt hat, und ihm gehen »die Augen über« (Vers 35 nach der Übersetzung von Martin Luther). Seitdem denke ich das an jedem Grab, an das ich in den letzten Jahren getreten bin: Jesus steht neben den Trauernden, er steht neben mir und er weint. Weint mit. Weil er mitfühlt. Mitleidet. Weil er mit uns an der Grausamkeit des Todes leidet.

Ja, der Tod ist grausam. Ja, Sterben ist grausam. Ob du das glaubst oder nicht.

Aber der, der neben uns steht, ist der Auferstandene. Der, der den Tod endgültig entmachtet hat. Er hat Kraft. Er hat Trost. Denn diese Kraft und dieser Trost sind nicht von dieser Welt. Sie kommen von Gott. Sie kommen direkt aus dem Himmel.

Wer nicht mehr weiterweiß, wird staunen. Er entdeckt eine andere, größere Kraft. Eine andere, größere Wirklichkeit. Aber vielleicht entdeckt man die tatsächlich nur dann, wenn man selber nicht mehr weiterweiß. Wenn alle eigenen Strategien versagen.

Aber es gilt auch das, was Martin Luther einmal so gesagt hat:

Unser Leben muss mit einem Stücklein Kreuz angerichtet sein,
damit es nicht verdirbt.

Vielleicht verliert man sich in den Belanglosigkeiten des
Lebens, wenn es einem dauerhaft allzu gut geht. Vielleicht
wird man auch hochnäsig. Arrogant. Selbstherrlich. Und
ein bisschen unbarmherzig denen gegenüber, die am
Leben leiden. Vielleicht vergisst man, was wirklich zählt
im Leben. Vielleicht verliert man die Mitte. Sich selbst.
Gott.

Wenn nichts sonst mehr hält, entdeckst du vielleicht,
dass du von der Hand Gottes gehalten wirst. Und du wirst
ein einfühlsamer, barmherziger Mensch, der anderen
Halt geben kann. Wenn du den Eindruck hast, du kannst
dieses Leben nicht mehr ertragen, spürst du vielleicht,
dass du getragen bist, und wirst ein Mensch, der andere
tragen kann.

Sie kennen diese Geschichte:

Ein Mensch träumt sein Leben, das einem Spaziergang
am Strand gleicht. Er sieht all die Bilder der Vergangenheit
am Horizont und dazu Fußspuren im Sand. Überall zwei
Paar. Denn Gott geht an seiner Seite. Immer und überall.
Fast immer und überall. Denn als besonders dunkle Erinnerungen aufscheinen, ist eins der beiden Spurenpaare
im Sand auf einmal verschwunden. Enttäuscht wendet er
sich an seinen Begleiter: »Warum hast du mich gerade in
diesen Zeiten allein gelassen, Gott?«

Doch der lächelt nur und sagt: »Die Spuren, die du
siehst, sind meine, nicht deine. In diesen dunklen Zei-

ten nämlich habe ich dich auf meinen Schultern getragen.«

Also: Keine Angst vor Zeiten der Schwäche. Sie können
Zeiten der Stärke werden. Weil sie Zeiten auf den Schultern Gottes sind.

***

Herr, du trägst mich auf deinen Schultern,
wie ein Hirte sein kleines Lamm.

Ich bin bei dir!

Jesus sagt zu dir:

»Wenn Sorgen und Angst sich in deine Gedanken ein-
zuschleichen versuchen, dann erinnere dich daran, dass
ich dein Hirte bin. Es ist eine unverrückbare Tatsache,
dass ich mich um dich kümmere; deshalb brauchst du
vor nichts Angst zu haben. Unterstelle dich meinem Willen und versuche nicht länger, die Kontrolle über dein
Leben zu bekommen. Auch wenn es dir beängstigend und
gefährlich erscheint, bist du nirgends sicherer als in meinem Willen.«

Krisen meistern für Anfänger

CHRISTOF LENZEN

Reden wir nicht um den heißen Brei: Krisen sind ein ganz großer Mist! Ich will gar nicht erst mit irgendeinem pseudoweisheitlichen Gerede von »Krisen sind Chancen« anfangen. Wenn du in der Krise steckst, willst du sie nicht, findest sie ätzend, willst sie loswerden, heulst und schreist, läufst davon oder wirst aggressiv, kannst nicht schlafen und fühlst dich wie gelähmt. Manchmal auch alles zusammen. Deswegen: Krisen sind Mist. Ganz großer. Sind wir uns da einig? Gut. Und alle gerade aufgezählten Reaktionen sind vollkommen normal und sogar von Gott in uns angelegt. Darauf kommen wir noch. Deswegen sei nicht überrascht, sondern geh verständnisvoll mit dir um.

Wenn du in der Krise bist, geht so manches in uns in den Ausnahmezustand. Wie du lebend durch die Krise kommst und dabei möglichst wenig Unheil anrichtest, dir selbst und anderen gegenüber – dazu nun mehr. Und die Geschichten und Weisheiten der Bibel sagen jede Menge zu diesem Thema, deswegen werden sie uns leiten.

Nimm die Krisen an!

Große innere Spannung, die echte Energie frisst, entsteht da, wo innen und außen nicht zusammenpassen. Beispiel: Wenn du dir einredest, dass du super in deinem Beruf bist, und du verlierst deinen Job, dann ist das schon eine ziemliche Dissonanz. Ähnlich ist es auch mit unserer Haltung gegenüber Krisen. Alle Menschen haben Sehnsucht nach der Ewigkeit, nach der heilen Welt, nach dem Paradies in unserem Herzen (Prediger 3,11). Wenn du wie ich behütet und finanziell sicher aufgewachsen bist, denkst du vielleicht sogar irgendwann: Wenn ich mir nur genug Mühe gebe und mich anstrenge und alles richtig mache, dann ernte ich ein glattes und relativ müheloses, quasi paradiesisches Leben. Und genau das wird uns ja medial eingeimpft: Leben- und Selbstoptimierung als hohes Lebensziel.

Das Problem ist: Wir leben in einer gefallenen Welt. Seit dem sogenannten Sündenfall gibt es Zerwürfnisse zwischen Mensch und Mensch, Mensch und Gott und Mensch und Umwelt. Das ist so. Und wir erarbeiten uns nicht das Paradies zurück (so wertvoll jeder Einsatz für eine bessere Welt auch ist!). Wenn ich nun das Ideal eines leichten, glatten Lebens im Herzen trage und es kommt die Krise mit Wucht um die Ecke – dann werde ich massiv aus der Bahn geworfen. So groß ist die Diskrepanz zwischen Soll und Sein. Als Christ kommt dazu: Ich glaube an einen Erlöser, an einen Freund, an einen Mann namens Jesus. Und dessen Weg ging durch die Niederlage in den Sieg, durch den

Tod ins Leben, durch das Dunkel ins Licht. Er sagt Dinge wie: »Ich versichere euch: Ein Weizenkorn muss in die Erde ausgesät werden. Wenn es dort nicht stirbt, wird es allein bleiben – ein einzelnes Samenkorn. Sein Tod aber wird viele neue Samenkörner hervorbringen – eine reiche Ernte neuen Lebens« (Johannes 12,24; NL). Das ist als Lebensmotto sicher nicht populär und auch nicht kompatibel mit einem leichten, erfolgreichen, »glatten« Leben, wie es uns oft verkauft wird. Haben wir das als Ideal aber in uns – dann werden wir uns daran wund reiben. Denn Ideale versklaven uns und zerreiben uns an der Realität. Und du kannst nur etwas bewältigen und durchstehen, was du annimmst. Dazu kommt ja: Eine nicht kleine Anzahl von Krisen wird ja gar nicht durch dich erzeugt! Umwelt, Sünde anderer an dir, das System unserer Marktwirtschaft, zwischenmenschliche Missverständnisse und vieles mehr – du hast nicht auf alles Einfluss –, schon deswegen ist es ein Energiefresser hoch drei, wenn du weiter unter diesem Ideal einer heilen Welt versklavt bleibst.

Kurz: Wir brauchen bei diesem Thema einen Sinneswandel, eine Umkehr, altmodisch ausgedrückt: eine Buße im Denken (Römer 12,2). Vielleicht sagst du das mal Jesus: Jesus, bisher dachte ich, das Leben sei leicht und locker, aber diesen Weg bist du nicht gegangen und ich will ihn auch nicht gehen. Ich will die Krisen meines Lebens annehmen und mit dir durch »das dunkle Tal« (Psalm 23) gehen und mich dir anvertrauen. Ich lege mein altes Denken ab und gebe es dir – verankere bitte deine Sichtweise in mir.

Nimm den Kampf gegen die Krisen an!

Bedeutet das nun, sich Krisen willenlos zu ergeben? Nun – schau dir Jesus an. Schau dir Paulus an. Krisen als Teil des Lebens anzuerkennen, bedeutet nicht zu kapitulieren. Als Christ bedeutet es, den Kampf anzunehmen, aufzunehmen, aber eben nicht aus Selbstwirksamkeit, sondern im Vertrauen auf die Führung Gottes, in Kooperation, in Verbindung mit Jesus selbst. Bleibst du dagegen in deiner Haltung in der Auflehnung gegen die Krise selbst, wirst du unnötig Energie verlieren und eventuell sogar daran zerbrechen – denn dann hast du ja deinem Ideal gegenüber (und dem Ideal dieser Welt gegenüber) versagt. Du bist schuld. Du hast es verbockt. Die gesamte Geschichte der Bibel und gerade des Evangeliums spricht dir aber das Gegenteil zu: Selbst wenn du die Krise (mit) ausgelöst hast – sie passiert. Und sie wird wieder passieren. Und du kommst da durch. Sie ist Teil einer gefallenen Welt. Nimm sie an, nimm den Kampf auf, lass los in der Gegenwart Gottes und geh mit ihm durch die Krise hindurch. Und irgendwann »deckt er dir den Tisch vor den Augen deiner Feinde« (Psalm 23,5).

Würde man die Schemen aller Krisengeschichten der Bibel auf jeweils ein Pauspapier zeichnen und dann alle Pauspapiere übereinanderlegen, dann würde sich ein Muster zeigen. Nicht alle Faktoren tauchen bei allen Krisen auf – aber in der Summe entdecken wir sie. Egal, ob bei Elia in seiner Angst vor Isebel und seiner Erschöpfung nach dem Kampf mit den Baals-Priestern oder die Geschichte des Hiob, die Verfolgung Davids durch Saul, Petrus mit seinen diversen Krisen, Paulus mit seiner Anerkennungskrise in Korinth, die Jünger in ihrer Erschöpfung nach ihrem Dienst – es findet sich in Summe ein Muster, das uns hilft, gestärkt aus der Krise zu kommen oder sagen wir zumindest: gereift.

Sorge nicht nur in Krisenzeiten gut für dich!

Wenn wir in der Krise stecken und Angst, Sorge und Panik unser Gehirn fluten, dann übernimmt hirnphysiologisch gesehen ein älterer Teil des Gehirns mehr, und das Frontalhirn, das für Logik, Planung, Werte und vieles mehr zuständig ist, wird mehr und mehr »heruntergefahren«. Dadurch baut man in Krisen dann selbst gerne Mist. Reagiert zu schnell, instinktiv, emotional. Die Werte sind schlicht und einfach zur Korrektur nicht mehr so präsent. Wie holt man sie wieder? Durch stabilisierende Maßnahmen. Elia sollte erst einmal schlafen und essen und das einige Tage lang. Die Jünger Jesu wurden erst einmal zum Erholen weggeschickt, als diese erschöpft, wenn auch begeistert, von ihrer Dienstreise kamen. Der geschlagene Mann im Graben wird vom barmherzigen Samariter in eine Herberge gebracht, versorgt mit Essen und Trinken und Schlaf. Kurz: Sorge für dich. Vernachlässige dich nicht. Behalte einen Rhythmus bei, ernähre dich halbwegs gesund, genieße – wenn – Alkohol in Maßen, gönn dir genug Schlaf. Schenke dir Dinge, die deiner Seele das

Gefühl geben: Es ist okay, wir schaffen das gemeinsam. Dadurch kommst du wieder bei dir an (sprich: Frontalhirn bootet und steht wieder zur Verfügung). Der Panikmodus kostet enorm viel Kraft und Energie und lässt sich nicht lange durchhalten ohne echte Schäden an Körper und Seele. Deswegen ist Selbstfürsorge kein Luxus in Krisen.

Du musst die Krisen nicht kontrollieren!

Krisen zeigen uns, dass wir nicht alles im Griff haben. Der krampfhafte Versuch, alles wieder in den Griff zu bekommen, zeichnet die Reaktion vieler Menschen in der Krise aus. Dadurch entstehen dann nicht selten unweise Reaktionen nach der Masche: Lieber irgendwas tun, als nichts … Aber dieser Reflex, wieder Kontrolle zu erlangen, ist selten hilfreich. Stattdessen können wir lernen, uns Gottes Kraft, Führung und Weisheit anzuvertrauen. Der Text aus Jesaja 30,15-17 ist da ein erstaunlicher Ratgeber: »Denn so spricht der allmächtige Herr, der Heilige Israels: ›Durch Umkehr und Ruhe könntet ihr gerettet werden. Durch Stillsein und Vertrauen könntet ihr stark sein. Aber das wollt ihr nicht. [...] Dann seid ihr wie eine einsame Kiefer auf einer Bergspitze oder wie ein Flaggenmast auf einem Hügel.‹« Ist Burn-out je knapper und besser beschrieben worden? Du fühlst dich wie ein einsamer Baum, wie ein Fahnenmast (ohne Fahne!) auf einem Hügel. Ausgebrannt und allein. Allem ausgesetzt. Das Gegenmittel? Umdenken lernen (Umkehr) und Ruhe in der Gegenwart Gottes. Vertraue deinem Gott. Komm zur Ruhe. Nimm dir Zeit mit Gott. Lass dich los in ihn. Das ist eine der wertvollsten Lektionen der Krise. Wenn auch eine demütigende, die uns Angst machen kann.

Bleib in Krisenzeiten in Beziehung zu Vertrauten!

Ein Merkmal der Krise ist, dass sie uns einsam macht. Denn niemand, selbst der eigene Partner nicht, kann die emotionale Tiefe einer Krise wirklich verstehen. Dazu kommt, dass unser Hirn und damit auch unser limbisches System, das für Gefühle zuständig ist, sich in Krisen im Kampf-/ Flucht-Modus befindet und beides, kämpfen und fliehen wollen, ist nicht unbedingt gemeinschaftsfördernd. Daraus schließen wir leicht, dass wir allein sind. Das Gegenteil ist wichtig und richtig. Es ist wichtig, gerade in Krisenzeiten mit vertrauten Menschen und mit Gott Zeit zu verbringen. Wir brauchen Orte, um verletzlich zu sein, zu weinen, alle Fassaden abzusenken, zu schweigen, was auch immer dran ist. Gott kennt unser Herz, ja, ist ein mitfühlender Gott (Hebräer 4,15), er identifiziert sich mit dir in deiner Krise. Vertraute verkörpern Gott für uns in dieser Zeit, wenn wir meinen, gottverlassen zu sein. Neben der direkten Begegnung mit Gott brauchen wir deswegen Zeit mit Freunden und Freundinnen. Um einfach zu sein. Gegenwärtig zu sein (denn Krisen stoßen uns in die Vergangenheit und Zukunft). Bleib nicht allein, sorg für dich, lass dich los in Gottes Gegenwart und dann handle. Geh behutsam mit dir um. Du hast eine Krise – du bist nicht die Krise. Du bist immer mehr. Du bist ein Kind Gottes. Ohne Abstriche.

***

Der Herr aber, der selber vor euch hergeht, der wird mit dir sein und wird die Hand nicht abtun und dich nicht verlassen. Fürchte dich nicht und erschrick nicht!
5. Mose 31,8

Was willst du mir, guter Hirte, zeigen?

SEFORA NELSON

Ich glaube, dass dunkle Täler mehr Potenzial haben, als wir denken. Wenn wir mittendrin stecken im Problem, in der Krise, im Schmerz, sollten wir uns nicht sagen: »Jetzt Augen zu und durch«, sondern: »Augen auf! Was willst du, mein guter Hirte, mir zeigen?«

Dunkle Täler sind wie Wegweiser, die uns vermitteln wollen, wie wichtig es ist, ganz nah bei unserem Hirten zu bleiben. Sie fordern uns auf, nicht zu resignieren. Sie ermahnen uns, nicht etwa zu denken: »Ich habe die Sache im Griff, ich pack das schon.« In schwierigen Zeiten lernen wir, dass wir Gott brauchen. Dass wir Menschen brauchen. Und wir lernen auch noch eine weitere Lektion: dass unsere Vertrauensmuskeln gerade in den dunklen Tälern des Lebens trainiert werden.

Ich verstehe es nicht,
aber ich vertraue meinem Guten Hirten,
weil ich weiß, dass er mich nicht
irgendwohin führen wird,
wohin ich ihm nicht folgen soll.

ALICE MARQUARDT

Wir singen Mutter ins Paradies

HELEN MEDEIROS

Ich werde mich immer daran erinnern, dass Psalm 23 die Lieblingsbibelstelle meiner Eltern war. Jeden Abend sagten sie ihn zusammen auf, wenn sie für ihre elf Kinder beteten, und später für ihre vielen Enkel und sogar Ur-Enkel. Auch nachdem Vater gestorben war, setzte meine Mutter diese Tradition fort. Wir wussten immer, dass wir geliebt wurden und dass voller Liebe für uns gebetet wurde. Über die Jahre war uns das ein Trost und eine Ermutigung.

Vor wenigen Jahren kamen wir noch einmal alle zusammen, als uns nach Weihnachten die Nachricht erreichte, dass Mutter ein weiteres Aneurysma im Gehirn hatte. Vor fünfzehn Jahren war sie schon erfolgreich an zwei Aneurysmen operiert worden, und man hatte uns gesagt, dass es noch einige weitere gab. Sie konnte zwei Wochen oder noch zwanzig Jahre leben, ehe eines davon platzte. Jetzt lag sie also im Alter von 82 in Ottawa im Krankenhaus, während das Aneurysma langsam eine Hirnblutung auslöste.

Am Anfang konnte sie noch mit uns kommunizieren und tatsächlich reden und gelegentlich sogar lachen, aber als sich die Situation verschlechterte, wurde sie immer verwirrter. Wir beteten mit ihr, sangen und lasen ihr an ihrem Bett leise aus der Bibel vor. Ich hatte meinen Mann und die vier Kinder in Bermuda gelassen, um bei ihr zu sein, aber als aus den Tagen Wochen wurden und Mutter noch immer unter uns war, musste ich mich verabschieden und zu meiner Familie zurückkehren.

Da ich wusste, dass dies wahrscheinlich das letzte Mal sein würde, dass ich meine Mutter sah, sagte ich ihr unter vier Augen Lebewohl. Inzwischen war der Schaden in ihrem Gehirn so schwer, dass sie nur ab und zu ganz schwach ein Wort hervorbrachte. Mutter konnte keinen klaren Gedanken fassen, geschweige denn ein Gespräch führen. Tatsächlich war sie dabei, in eine Art Koma zu fallen.

Es war ein kalter, verschneiter Tag in Ottawa, und ich war mit Mutter alleine in dem Krankenhauszimmer. Ich umarmte sie und dankte ihr für ihr wundervolles Leben. Ich dankte Gott für alles, was Er uns durch sie gegeben hatte, und dann schlug ich ihre Bibel auf und begann zu lesen.

»Der Herr ist mein Hirte ...« Ich las den Psalm bis zum Ende, sie lag still da und zeigte keine Reaktion. Da hatte ich den Impuls, ihr den Psalm noch einmal vorzulesen, und dieses Mal sagte ich: »Mama, der Herr ist dein Hirte, es wird dir nichts mangeln. Er weidet dich auf grünen Auen und führt dich zu stillen Wassern, Mama. Er erquickt deine Seele ...« Ich las langsam bis zum Ende, und mit Tränen auf meinem Gesicht machte ich mich daran, das Zimmer zu verlassen. Doch bevor ich an der Tür war, hörte ich eine klare, laute Stimme hinter mir und drehte mich herum. Mutter sprach mit der Stimme eines jungen Mädchens: »Der Herr ist mein Hirte; mir wird nichts mangeln. Er weidet mich auf grünen Auen und führt mich zu stillen Wassern. Er erquickt meine Seele.«

Ich hob meine Hände und pries Gott den Allmächtigen, während sie jedes Wort voller Liebe, Zärtlichkeit und Kraft sprach und zum Ende kam: »Und ich werde bleiben im Hause des Herrn immerdar.«

Mit diesem letzten Wort fiel sie wieder in ihren komaähnlichen Zustand und sprach danach kein Wort mehr. Zwei Tage später platzte das Aneurysma, und die Ärzte gaben ihr höchstens noch einige Stunden ... aber diese mächtige Frau Gottes lebte noch weitere zwölf Tage, während wir weiter zusammen mit Danksagungen, Lobpreis und Gebet an ihrem Bett wachten. Da wir immer schon eine musikalische Familie gewesen waren, »sangen wir Mutter ins Paradies«. Als sie ihren letzten Atemzug machte, sangen wir leise: »Ich will einziehen in sein Tor mit dem Herzen voller Dank, ich will treten in den Vorhof mit Preis.«

Gott hat etwas Gutes
mit uns vor

HANNA SOLAREK

Ich saß mit meinen drei kleinen Kindern am Frühstückstisch. Wie fast jeden Morgen war mein Mann längst aus dem Haus. Unsere Älteste, sieben Jahre alt, erzählte fröhlich. Ihre fünfjährige Schwester hörte interessiert zu, während unser Zweijähriger sich lieber mit dem Essen auf seinem Teller beschäftigte. Ich konnte den Ausführungen meiner Großen heute auch nicht wirklich folgen. Zu sehr beschäftigte ich mich in Gedanken damit, was mein Mann mir am Vortag erzählt hatte: Es war unsicher, ob er seine Arbeitsstelle behalten würde.

Ausgerechnet jetzt, dachte ich mir, und die Sorgenlast erdrückte mich. Kurz überlegte ich, den Kindern davon zu erzählen, um ein bisschen etwas loszuwerden, aber ich verwarf den Gedanken schnell wieder. Warum sollte ich sie auch damit belasten?

Wir hatten gerade den Kaufvertrag für ein älteres Haus unterschrieben, weil unsere momentane Wohnung mit nur einem Kinderzimmer für drei Kinder einfach zu klein war. Lange hatten wir nach einem Haus gesucht, das groß genug und trotzdem bezahlbar für uns war. Hinzu kam: Wir hatten das Haus nicht allein gekauft. Eine befreundete Familie mit zwei kleinen Jungs saß mit im Boot, denn wir hatten vor, das große Haus in ein Doppelhaus umzubauen. Viel Arbeit wartete auf uns, die schon genug Herausforderungen mit sich bringen würde. *Wie sollte das alles ohne ein geregeltes Einkommen gehen?*

Gemeinsam hatten wir viel Zeit mit der Suche nach einem geeigneten Haus verbracht, und nie wurden wir fündig, bis ich von eben jenem Kaufangebot las. Wir besichtigten das Haus und es sah tatsächlich vielversprechend aus. Danach wurde lange überlegt, geredet und geplant. Der Tag, bis zu dem wir eine Entscheidung getroffen haben wollten, rückte immer näher, und wir beteten um Weisheit, Klarheit und Gottes Führung. Doch ich war bis zuletzt unsicher und hin- und hergerissen. *Können wir das schaffen? Muten wir uns da nicht zu viel zu? Ist es das richtige Haus?*

Vor besagtem Entscheidungstag schlief ich unruhig, voller Fragen und Zweifel ein. Am Morgen wachte ich mit einer Liedzeile im Kopf auf, die sich ständig wiederholte: »Gott hat etwas Gutes mit uns vor! Etwas Gutes hat er vor! Etwas Gutes plant der Herr mit uns!« Ich merkte, wie sich in mir die Gewissheit ausbreitete: »Wir können das mit dem Haus schaffen! Gott ist mit uns!« Nachdem mein Mann und unsere Freunde ihre Zustimmung gegeben hatten, wurden alle nötigen Schritte in die Wege geleitet und wir kauften das Haus.

Und nun das! Ich machte mir Sorgen um unsere Zukunft und betete den ganzen Vormittag still vor mich hin.

Um die Mittagszeit kam unsere Tochter von der Schule nach Hause. Mit schier überschäumender Fröhlichkeit ging sie zu mir in die Küche und hielt mir ein kleines Geldstück unter die Nase. »Schau mal, Mama, was ich gefunden habe«, sagte sie und fügte hinzu: »Das schenke ich dir! Damit du dir etwas zum Essen und zum Anziehen kaufen kannst!«

In dem Moment war mir so, als wenn Gott selbst durch meine Tochter zu mir redete. Die Worte aus Matthäus 6,25–32 waren mir plötzlich so präsent, als wenn sie nur für mich geschrieben worden wären:

»Darum sage ich euch: Macht euch keine Sorgen um euren Lebensunterhalt, um Nahrung und Kleidung! Bedeutet das Leben nicht mehr als Essen und Trinken, und ist der Mensch nicht wichtiger als seine Kleidung? Seht euch die Vögel an! Sie säen nichts, sie ernten nichts und sammeln auch keine Vorräte. Euer Vater im Himmel versorgt sie. Meint ihr nicht, dass ihr ihm viel wichtiger seid? [...] Wenn Gott sogar die Blumen so schön wachsen lässt, die heute auf der Wiese stehen, morgen aber schon verbrannt werden, wird er sich nicht erst recht um euch kümmern? Vertraut ihr Gott so wenig? Euer Vater im Himmel weiß doch genau, dass ihr dies alles braucht. [...] Setzt euch zuerst für Gottes Reich ein und dafür, dass sein Wille geschieht. Dann wird er euch mit allem anderen versorgen.«

Ich bedankte mich herzlich bei meiner Tochter und mit Tränen in den Augen auch bei Gott. Er hatte mein Herz berührt! Normalerweise hätte sich meine Tochter ausgemalt, was sie sich selbst mit diesem Geldstück kaufen könnte. So kenne ich sie eigentlich, aber heute hatte sie es voller Freude mir geschenkt, und Gott hatte ihr dazu die richtigen Worte in den Mund gelegt! Ich war sehr, sehr dankbar und ermutigt, Gott wirklich zu vertrauen.

Mein Mann hat seine Arbeitsstelle dann doch nicht verloren. Es kam ganz anders: Ein Bekannter empfahl ihn bei seinem Chef für eine viel bessere Stelle, die er auch bekam und seither ausübt.

So starteten wir das Abenteuer »Hausumbau«. Um Geld zu sparen, zogen wir zu fünft in die oberste Etage unserer Haushälfte und begannen, im Erdgeschoß und dem ersten Stock den Putz von den Wänden zu schlagen, alte Holzdielenböden herauszureißen und Wände, Türen und Fenster zu versetzen. Am Anfang fühlte sich das alles sehr aufregend an. Wir waren eifrig, ein wenig naiv, voller Tatendrang und hatten unzählige Ideen. Vieles mussten wir in Eigenleistung machen, da unsere finanziellen Möglichkeiten uns keine andere Wahl ließen. Aber mein Mann und unser Freund waren praktisch begabte Männer – und gemeinsam würden wir das schaffen!

Ich hatte keine Vorstellung davon, wie lange das Ganze dauern und was diese Bauzeit uns noch abverlangen würde. Letztlich hat es über zehn Jahre gedauert, bis unser Bauprojekt endlich abgeschlossen war. Neben dem Umbau mussten schließlich auch noch die ganz normalen Herausforderungen eines Familienlebens mit drei und später vier Kindern sowie der Berufsalltag meines Mannes gemeistert werden.

Wenn es Probleme bei der Renovierung gab, Dinge nicht gelingen wollten, sich unbarmherzig lange hinzogen oder das Ergebnis nicht so war, wie wir es uns vorgestellt hatten, wenn zum wiederholten Male unser gesamter Wohnraum von einer feinen Baustaubschicht überzogen war, wenn ich mich bei Entscheidungen übergangen fühlte oder mein Mann Neuerungen mehr aus der praktischen, ich jedoch aus der ästhetischen Sicht heraus beurteilte und wir auf keinen gemeinsamen Nenner kamen, dann half mir immer wieder die Besinnung auf den einen Satz, mit dem alles begann: »Gott hat etwas Gutes mit uns vor!«

Im Nachhinein kann ich dem von ganzem Herzen zustimmen: Es ist etwas sehr Gutes aus unserem Haus geworden, und wir möchten es zu Gottes Ehre nutzen. Dass meine Mutter vor einem Jahr mit einziehen und seitdem eine höhere Lebensqualität genießen kann, als es in einem Pflegeheim der Fall gewesen wäre, ist nur ein Teil davon.

Lobpreis Gottes

FRANZISKUS

Du bist der heilige Herr, der alleinige Gott,
der du Wunderwerke vollbringst.
Du bist der Starke. Du bist der Große.
Du bist der Erhabenste. Du bist mächtig,
du »heiliger Vater,
König des Himmels und der Erde«.
Du bist der dreifaltige und der eine Herr,
Gott aller Götter.
Du bist das Gute, jegliches Gut,
das höchste Gut,
der Herr, der lebendige und wahre Gott.
Du bist die Liebe, die Minne.
Du bist die Weisheit.
Du bist die Demut.
Du bist die Geduld.
Du bist die Schönheit.
Du bist die Milde.
Du bist die Sicherheit.
Du bist die Ruhe.
Du bist unsere Hoffnung.
Du bist die Freude und die Fröhlichkeit.

Du bist die Gerechtigkeit.
Du bist das Maßhalten.
Du bist all unser Reichtum zur Genüge.
Du bist die Schönheit.
Du bist die Milde.
Du bist unser Beschützer.
Du bist der Wächter und Verteidiger.
Du bist die Stärke.
Du bist die Zuflucht.
Du bist unsere Hoffnung.
Du bist unser Glaube.
Du bist unsere Liebe.
Du bist unsere ganze Wonne.
Du bist unser ewiges Leben:
großer und wunderbarer Herr,
allmächtiger Gott, barmherziger Retter.

Dem guten Hirten folgen

FRANCINE RIVERS

In der Bibel spricht Gott von seinen Leuten oft als Schafe – da frage ich mich doch, welche Eigenschaften ich mit den für dumm gehaltenen Tieren gemeinsam habe.

Schafe werden mit dem starken Trieb geboren, anderen Schafen zu folgen. Stellt man ein mutiges und neugieriges Schaf vor eine Herde, wird der Rest ihm hinterherlaufen. Das nennt man »Herdenverhalten«.

Solange sich das Leittier nicht zu einer Weidestelle mit giftigen Pflanzen oder schroff abfallenden Klippen aufmacht, ist alles gut. Schafe sind außerdem gesellig. Sie bleiben beim Grasen gern in einer Gruppe und sind sehr unruhig, wenn sie allein gelassen werden.

Alleine sind sie allerdings wirklich gefährdet. So können sie für Raubtiere zur leichten Beute werden. Leider sind sie sehr schreckhaft und eilen in Gefahrensituationen schnell auseinander. Noch eine Besonderheit: Schafe gehen nie geradeaus. Stattdessen wandern sie im Zickzack umher und drehen sich immer wieder um, schauen hinter sich, erst mit einem Auge, dann mit dem anderen. Sie verlassen sich sehr auf ihr scharfes Gehör und ihren guten Geruchssinn, wenn eine Bedrohung naht.

Kommt Ihnen eines dieser Merkmale bekannt vor? Menschen haben auch ein Herdenverhalten – mit dem Unterschied, dass wir es Gruppenzwang nennen. Wenn wir nicht genau auf unsere Führungspersonen achtgeben, kann es passieren, dass wir ihnen blindlings folgen – auch wenn ihre Wege von Gottes Wahrheit wegführen. Genau wie Schafe sind wir gefährdet, wenn wir isoliert sind. Alleine sind wir angreifbarer und geben der Versuchung leichter nach. Wir neigen dazu, uns von Gott zu entfernen, wir vernachlässigen es zu beten und gehen unseren Weg alleine, bis wir uns irgendwann verlaufen haben. Oft geben wir dann sogar Gott die Schuld dafür, obwohl wir es waren, die sich von ihm abgewendet haben. Wir brauchen die Gemeinschaft mit anderen Christen, die uns ermutigen, stärken oder manchmal auch warnen. So werden wir immer wieder daran erinnert, allein bei Gott nach Antworten auf unsere Fragen zu suchen.

Wenn wir zusätzlich in der Bibel lesen, wird das unsere geistlichen Augen und Ohren offen halten, sodass wir erkennen: Weil Jesus unser guter Hirte ist, ist es schön, ein Schaf zu sein! Ich werde in Gottes Herde bleiben und mich immer nahe beim guten Hirten aufhalten. Wohin er geht, gehe auch ich. Ich werde auf seine Stimme hören und zu ihm laufen, wenn er mich ruft. Wenn die Feinde kommen, werde ich bei ihm sicher sein. Niemand kann mich jemals von meinem Hirten wegreißen. Und wenn der Tag vorüber ist, werde ich meinen Kopf auf seinen Schoß legen und zufrieden lächeln – voller Dankbarkeit für die kommende neue Morgendämmerung.

Lobpreis und Sorgen

RUTH BELL GRAHAM

Es war frühmorgens und ich befand mich im Ausland. Erschöpft, wie ich war, wachte ich mitten in der Nacht plötzlich auf. Der Name eines Menschen, den ich liebte, kam mir in den Sinn. Es war wie ein Elektroschock.

Sofort war ich hellwach, und mir war klar, dass ich in dieser Nacht keinen Schlaf mehr finden würde. Ich lag da und betete für diesen Menschen, von dem ich wusste, dass er vor Gott zu fliehen versuchte. Wenn es dunkel ist und die Fantasie mit einem durchgeht, entwickelt man Ängste, die wohl nur eine Mutter nachvollziehen kann.

Plötzlich hörte ich, wie Gott zu mir sagte: »Hör auf, dich mit den Problemen zu beschäftigen, und halt dich lieber an meine Zusagen!«

Gott hat noch nie hörbar mit mir gesprochen, aber wenn man seine Stimme vernimmt, dann gibt es keinen Zweifel mehr. Also knipste ich das Licht an, holte mir meine Bibel und schlug wahllos irgendeine Stelle auf. Es war Philipper 4,6–7: »Macht euch keine Sorgen, sondern wendet euch in jeder Lage an Gott und bringt eure Bitten vor ihn. Tut es mit Dank für das Gute, das er euch schon erwiesen hat. Der Frieden Gottes, der alles menschliche

Begreifen weit übersteigt, wird euer Denken und Wollen im Guten bewahren, weil ihr mit Jesus Christus verbunden seid.«

Plötzlich wurde mir klar, welche Zutat in meinen Gebeten gefehlt hatte: »Tut es mit Dank für das Gute!« Ich legte also die Bibel wieder hin und begann Gott für das zu loben und zu danken, was er ist und tut. Dieses Gebiet ist größer als alles, was ein Mensch erfassen kann. Aber selbst wenn wir nur über das Wenige nachdenken, was wir begreifen können, lösen sich unsere Zweifel in Luft auf, unser Glaube wird gestärkt und unsere Freude wiederbelebt.

Ich dankte Gott, dass er mir diesen Menschen gegeben hatte, der mir so wichtig war. Ich dankte ihm sogar für die Schwierigkeiten mit ihm, die mich vieles gelehrt hatten.

Und wissen Sie, was dann geschah? Es war, als hätte jemand einen Schalter in meinem Kopf und meinem Herzen umgelegt, und die Ängste und Sorgen, die in der Dunkelheit an mir genagt hatten, huschten davon wie Mäuse und Kakerlaken, wenn das Licht angeht.

Damals habe ich gelernt, dass Anbetung und Sorgen nicht gleichzeitig in unserem Herzen wohnen können; sie schließen sich gegenseitig aus.

Gottes gute Pläne

Mein Plan mit dir steht fest:
Ich will dein Glück und nicht dein Unglück.
Ich habe im Sinn, dir eine Zukunft zu schenken,
wie du sie erhoffst.
Das sage ich, der Herr.
Du wirst kommen und zu mir beten,
du wirst rufen und ich werde dich erhören.
Du wirst mich suchen und du wirst mich finden.
Denn wenn du mich von ganzem Herzen suchst,
werde ich mich von dir finden lassen.
Das sage ich, der Herr.

Nach Jeremia 29,11 – 14

Weil ich Jesu Schäflein bin

Henriette Maria Luise von Hayn

Weil ich Jesu Schäflein bin,
freu ich mich nur immerhin
über meinen guten Hirten,
der mich wohlweiß zu bewirten,
der mich liebet, der mich kennt
und bei meinem Namen nennt.

Unter seinem sanften Stab
geh ich aus und ein und hab
alle Tage Weide,
dass ich keinen Mangel leide;
und sooft ich durstig bin,
führt er mich zum Brunnquell hin.

Mein Erbarmer leitet mich
sicher und behutsamlich,
will mir wo was bitter schmecken,
solls nur meinen Durst erwecken
nach dem roten Wundenbach,
wenn ich kränklich bin und schwach.

Er hat mich hinaus ins Feld
zu der Lämmer Hut bestellt
und ich darf in seinen Nähen
nur so sachte beihergehen
und auf dieser niedern Flur
folgen meines Hirten Spur.

Drückt mich meine kleine Last
und ich brauche Ruh und Rast,
darf sein Schäflein ohn Bedenken
in des Hirten Schoß sich senken,
kriegt an seiner milden Brust
wieder neue Arbeitslust.

Sollt ich nun nicht fröhlich sein,
ich beglücktes Schäfelein?
Denn nach diesen schönen Tagen
werd ich endlich heimgetragen
in des guten Hirten Schoß.
Amen, ja, mein Glück ist groß.

Segen für dich

Der Herr segne dich und behüte dich.
Er schaffe dir Rat und Schutz in allen Ängsten.
Er gebe dir den Mut, aufzubrechen,
und die Kraft, neue Wege zu gehen.
Er schenke dir die Gewissheit heimzukommen.
Der Herr lasse sein Angesicht leuchten über dir
und sei dir gnädig.
Gott sei Licht auf deinem Wege.
Er sei bei dir, wenn du Umwege und Irrwege
gehst.
Er nehme dich bei der Hand und
gebe dir viele Zeichen seiner Nähe.
Er gebe dir seinen Frieden
und das Bewusstsein der Geborgenheit.
Ein Vertrauen, das immer größer wird
und sich nicht beirren lässt.
So segne dich Gott Vater,
Sohn und Heiliger Geist.
Amen.

Verfasser unbekannt

Quellenverzeichnis

S. 11: Thorn, Hella: *Der Hirte und der Gastgeber*, © bei der Autorin. Die Bibelzitate in diesem Text stammen aus der Übersetzung »Neues Leben. Die Bibel«. Ursprüngliche Quelle des Beitrages: jesus.de

S. 15: Kendrick, Graham: *Die Psalmen als »Fluchtweg«*, aus: Ian Coffrey, Was Sie schon immer über das Gebet wissen wollten, © Gerth Medien 2011

S. 17: *Ich kenne den Psalm, Sie aber kennen den Hirten*, aus: Hört ein Gleichnis, Heinz Schäfer, Beispiel 293, © alle Rechte vorbehalten unter www.evangeliums.net

S. 18: Willhelm, Hanna: *Ich bin doch bei dir*, aus: dies., Mach mal Pause, Mama!, © Gerth Medien 2020

S. 22: Hansel, Tim: *Auswendig gelernt*, aus: Alice Gray (Hg.), Ein Lied in der Nacht, © Gerth Medien 1998

S. 23: Hudson, Christopher D.: *Jahwe-Ra'ah – Der Herr ist mein Hirte*, aus: ders., Du bist der Gott, der mich sieht. 100 Facetten Gottes entdecken, © Gerth Medien 2017

S. 25: Drzymulski, Ilona Maria: *Ein Tag am Meer*, aus: Andi Weiss: Denn du bist bei mir, © Gerth Medien 2010

S. 29: Smith, Bryan James, Zitat aus: ders., Den Himmel in den Alltag holen. Wege zu einem erfüllten Leben, © Gerth Medien 2011

S. 30: Holtus, Delia: *Beten mit den Namen Gottes*, aus: Verena Keil/Nicole Schol (Hg.), Pimp Your Faith, 77 Ideen, die deinen Glauben nach vorn bringen, © Gerth Medien 2011

S. 33: Ruef-Bircher, Hanna: *Bläcki*, aus: dies., Wie ein guter Hirte, Eine Hirtin berichtet aus ihrem Leben, Edition Wortschatz 2016, © bei der Autorin

S. 37: Weiss, Andi: *Keine Angst, keine Angst, Rosmarie!*, aus: ders., Strandgut. 50 ungewöhnliche Fundstücke, Begegnungen und Erlebnisse, © Gerth Medien 2009

S. 41: Nelson, Sefora: *Er ist da,* aus: dies., Denn du bist bei mir.
Psalm 23 – eine Einladung zu vertrauen, © Gerth Medien 2016

S. 43: Snipes, Jim: *Ein unerwarteter Segen,* aus: David Jeremiah, Ein
Traum wird wahr. Wahre Geschichten, © Gerth Medien 2011

S. 46: Strickland, Jennifer: *Er schenkt mir voll ein,* aus: Bekenntnisse
eines Topmodels, © Gerth Medien 2012

S. 49: Gaither, Gloria: *Gentle Shepherd,* aus: dies., Singt dem Herrn,
Die Geschichten hinter unseren Liedern, © Gerth Medien 2009

S. 57: Lucado, Max: *Die Last eines autonomen Lebensstils,* aus: ders.,
Leichter durchs Leben für Mütter, Inspirationen aus Psalm 23,
© 4. Aufl. Gerth Medien 2008

S. 67: Güntsch, Waltraud: *Das Perlenarmband,* aus: Denn du bist bei
mir. 50 Ermutigungsgeschichten, © Gerth Medien 2010

S. 70: Hayer, Regine: *Mein Hirte,* Beitrag aus Lydia 02/2021

S. 72: Nelson, Sefora: *Unser Problem mit der Ruhe,* aus: dies., Denn
du bist bei mir. Psalm 23 – Eine Einladung zu vertrauen, © Gerth
Medien 2016

S. 80: Krause, Maria: *»Halte durch, ich bin bei dir!«,* aus: Detlef
Eigenbrodt, Mein Jahr für Gott. Wahre Geschichten © Gerth
Medien 2013

S. 88: Nelson, Sefora: *Eine Frage an den Schafhirten David,* aus: dies.,
Denn du bist bei mir. Psalm 23 – Eine Einladung zu vertrauen,
© Gerth Medien 2016

S. 90: Keller, Phillip W.: *Du salbst mein Haupt mit Öl,* aus: ders.,
Psalm 23 aus der Sicht eines Schafhirten, © der deutschen Ausgabe 1976 Verlag Hermann Schulte, © der überarbeiteten Neuauflage 2000 Gerth Medien

S. 96: Weber, Silvia H.: *Das kranke Schaf und seine Bedeutung,* aus:
Thorsten Rieweesell/Silvia H. Weber (Hg.), Wunden und Wunder,
Ermutigende Geschichten für junge Leute, © Gerth Medien 2010

S. 102: *Psalm 23 – ein Gespräch mit dem Hirten,* aus: Elisabeth Mittelstädt (Hg.) Ein Psalm in meinem Herzen. Mit den Psalmen
durch das Jahr, © Gerth Medien 2013

S. 104: Mittelstädt, Elisabeth: *Ich fürchte mich nicht,* aus: Größer als
meine Träume, © 2011 Elisabeth Mittelstädt, © der deutschen
Ausgabe Gerth Medien 2011

S. 106: Werth, Jürgen: *Getröstet und getragen,* aus: ders., Ich halte dich. – Gott. Warum wir vertrauensvoll leben können, © Gerth Medien 2013, Neuauflage 2023

S. 111: *Ich bin bei dir!*, aus: Sarah Young, Ich bin bei dir. 365 Liebesbriefe von Gott, © Gerth Medien, 18. Aufl. 2022

S. 112: Lenzen, Christof: *Krisen meistern für Anfänger*, aus: Movo – das Männermagazin, Ausgabe 03/2021, Bundesverlag

S. 120: Nelson, Sefora: *Was willst du mir, guter Hirte, zeigen?*, aus: dies., Denn du bist bei mir. Psalm 23 – Eine Einladung zu vertrauen, © Gerth Medien 2016

S. 122: Medeiros, Helen: *Wir singen Mutter ins Paradies*, aus: Alice Gray (Hg.), Ein Lied in der Nacht, © Gerth Medien 1998

S. 125: Solarek, Hanna: *Gott hat Gutes mit uns vor*, aus: Ellen Nieswiodek-Martin (Hg.), Segensspuren in meinem Leben, © 2019 Lydia-Verlag

S. 132: Rivers, Francine: *Dem guten Hirten folgen*, aus: dies., Psalmen der Schöpfung, Gerth Medien 2018

S. 134: Graham, Ruth Bell: *Lobpreis und Sorgen*, aus: Alice Gray (Hg.), Solange du mich brauchst ... und andere Geschichten, die das Herz berühren, Gerth Medien, 1. Sonderauflage 2011

Der Verlag weist ausdrücklich darauf hin, dass im Text enthaltene externe Links nur bis zum Zeitpunkt der Buchveröffentlichung eingesehen werden konnten. Auf spätere Veränderungen hat der Verlag keinerlei Einfluss. Eine Haftung des Verlags für externe Links ist stets ausgeschlossen.

© 2023 Gerth Medien in der SCM Verlagsgruppe GmbH,
Dillerberg 1, 35614 Asslar
Die Bibelzitate wurden folgenden Übersetzungen entnommen:
Lutherbibel, revidiert 2017, durchgesehene Ausgabe,
© 2016 Deutsche Bibelgesellschaft, Stuttgart
»Neues Leben. Die Bibel«, © der deutschen Ausgabe 2002,
2006, 2017
SCM R. Brockhaus in der SCM Verlagsgruppe GmbH
»Hoffnung für alle«, © 1983, 1996, 2012, 2015 by Biblica Inc TM,
herausg. von Fontis

1. Auflage 2023
Bestell-Nr. 817971
ISBN 978-3-95734-971-2

Umschlaggestaltung: Mareike Schaaf
Umschlagmotiv: Shutterstock / Valenty
Satz: Vornehm Mediengestaltung, München
Druck und Verarbeitung: Dimograf
Printed in Poland

www.gerth.de